灭火

美国金融危机及其教训

[美]本·伯南克 [美]蒂莫西·盖特纳 [美]亨利·保尔森◎著
冯毅◎译

FIRE FIGHTING THE FINANCIAL CRISIS AND ITS LESSONS

Ben S. Bernanke Timothy F. Geithner Henry M. Paulson, Jr.

中信出版集团 | 北京

图书在版编目（CIP）数据

灭火：美国金融危机及其教训 /（美）本・伯南克，
（美）蒂莫西・盖特纳，（美）亨利・保尔森著；冯毅译
. -- 北京：中信出版社，2019.12（2025.7 重印）
书名原文：Fire Fighting：The Financial Crisis
and Its Lessons
ISBN 978-7-5217-0460-0

Ⅰ.①灭… Ⅱ.①本… ②蒂… ③亨… ④冯… Ⅲ.
①金融危机—研究—美国 Ⅳ.① F837.125.9

中国版本图书馆 CIP 数据核字 (2019) 第 234753 号

灭火：美国金融危机及其教训

著　　者：［美］本・伯南克 ［美］蒂莫西・盖特纳 ［美］亨利・保尔森
译　　者：冯　毅
出版发行：中信出版集团股份有限公司
（北京市朝阳区东三环北路 27 号嘉铭中心　邮编　100020）
承 印 者：北京通州皇家印刷厂

开　　本：880mm × 1230mm　1/32　　印　　张：8.25　　字　　数：206 千字
版　　次：2019 年 12 月第 1 版　　印　　次：2025 年 7 月第 7 次印刷
京权图字：01-2014-6108
书　　号：ISBN 978-7-5217-0460-0
定　　价：62.00 元

本书作者

本·伯南克，目前是布鲁金斯学会杰出研究员，并担任美国经济协会主席，他曾在 2006—2016 年担任美联储主席。本·伯南克著有《行动的勇气：金融风暴及其余波回忆录》一书。

蒂莫西·盖特纳，担任华平投资集团总裁，在奥巴马总统第一届任期内，于 2009—2013 年担任美国第 75 任财政部长，此前他曾担任纽约联邦储备银行行长，他是《压力测试：对金融危机的反思》一书的作者。

亨利·保尔森，他是保尔森基金会的创始人及主席，2006—2009 年间，他在布什总统政府中担任美国第 74 任财政部长，此前他曾担任高盛集团总裁。他有两本著作，分别是《峭壁边缘：拯救世界金融之路》《与中国打交道：亲历一个新经济大国的崛起》。

我们把本书献给那些公共服务人员，包括共和党人、民主党人、立法机构人员、行政部门人员。在应对国际金融危机时，他们与我们并肩战斗。在此特别感谢布什总统与奥巴马总统所展现出的杰出领导力，感谢美国联邦储备系统、财政部、联邦存款保险公司以及相关机构的同人为这个国家所付出的辛勤努力及表现出的创新精神。

序 言

金融浩劫很少发生。通常，金融市场是因为自身混乱而引火烧身的。市场自发调整，公司开始倒闭，但势态一如既往。有时候，金融危机的火势过猛，以至于政策制定者不得不出面“灭火”。他们会为企业发放贷款，以提供企业所需要的流动性资金，或者通过一种安全的方式帮助危机中的企业平稳着陆，不过势态依然可能继续。金融危机极少会走到失控的边缘，乃至险些摧毁金融体系及其他经济部门，对经济体造成极大的破坏和损失。这种情况在美国大萧条时期发生过，此后75年内没再发生。

但是到了2008年，同样的情景再次出现。美国政府——连续两任总统、国会、美联储、财政部以及在政府各个机构工作的无数公职人员——不得不应对几代人以来最为严重的金融危机。当时，我们三个人肩负重任——我，时任美联储主席本·伯南克；亨利·保尔森，布什总统任期内担任财政部长；蒂莫西·盖特纳，布什总统任期内担任纽约联邦储备银行行长，奥巴马总统任期内担任财政部长。我们推动美国与其他国家制定了应对危机的策略，这场危机剧烈冲击了全球信贷市场，破坏了国际金融体系，并使美国经济陷入了20世纪30年代等待救济的民众排起长队、城中棚户成堆的大萧条以来，最为严重的经济衰退。

在美联储、财政部及其他部门的同事们的全力配合下，我们采取了一系列超常规紧急干预手段，对重要企业进行不断升级的常规和非常规政府救助，以及对重要信贷市场提供政府支持。当危机蔓延的时候，我们说服国会赋予我们更加强有力的制定政策的权力来应对危机，包括授权直接对私营金融机构注资数百亿美元。我们与美国乃至全世界具有献身精神的优秀公职团队并肩战斗，最终在信贷渠道被冻结和资产价值暴跌可能会将更大范围的经济拖入第二次大萧条之前，有效地稳住了金融系统。即便如此，经济依然遭受了重大打击，所以需要运用前所未有的货币政策工具和财政刺激手段来帮助经济复苏。

这是一次可载于史册的金融恐慌，让人想起数百年来困扰金融业的挤兑与危机。过往的长期经验告诉我们，金融恐慌造成的危害绝不会止步于金融业本身，尽管阻止这种恐慌往往需要扶持金融部门。那些并非银行家或者投资者的美国人依然需要依赖有效的信贷系统去购买汽车与住房、支付大学学费、发展事业。破坏信贷体系的金融危机可能造成严峻的经济衰退，这种衰退既会伤害普通家庭，也会波及金融精英。如今，大部分美国公众都记得政府对华尔街的救助是一种干预手段，但我们的目标始终是保护主体免受金融崩溃后果的伤害。控制因金融危机所导致的经济损失的唯一方法是把火扑灭，尽管要做到这一点我们不得不帮助一些制造危机的人。

十年后，我们认为回顾危机是如何爆发的，同时思考一下可能有助于减少未来危机损害的经验教训将是十分有益的。我们三个人都已经写过关于我们在2008年金融危机中的经历的回忆录，但我们想在处理金融危机的理论和实践层面，谈谈我们共同做的事情以及我们共同学到的东西。我们有着截然不同的背景和个人特质，在危机爆发之前我们彼此也并不了解。我们在应对危机的过程中找到了实现有效合作的途径，我们也一致认为有些基本规律可以用于金融危机的化解。金融危机再次爆发的部分原因是，我们已经将它遗忘，我们再次把它记录下来是为了向大家传递从过往经历中总结出来的一些重要的经验教训，希望这些经验教训可以让大家保持新鲜的记忆，并在未来帮助危机化解者保护经济免受金融危机的破坏。

为什么会发生这场危机？为什么危机会具有如此大的破坏性呢？

2008年金融危机是一次具有代表性的金融恐慌，由抵押贷款信心危机引发，并蔓延至金融体系。正如危机通常所表现的那样，信贷繁荣起到了主要的推动作用，许多家庭与金融机构一样成为危险的过度杠杆者，它们自身已是债务缠身。这种风险的加剧有两个原因：一是大量风险已经转移到那些在传统银行体系约束和保护之外运作的金融机构；二是如此多的杠杆是以不稳定的短期融资形式出现的，而这些资金可能会在危机初见端倪时荡然无存。这些弱点被美国割据化的金融监管行政机构放任自流，包含金融机构、政府部门以及监管措施在内的混杂体几十年来都没能跟上市场的实际变化，以及金融快速创新的步伐。其中一项创新是资产证券化，华尔街用来将抵押贷款分割成现代金融中无处不在的复杂金融产品的机制，证券化将人们对潜在抵押贷款风险的恐慌转化为对整个体系稳定性的恐慌。

在金融体系表现得异常稳定的时候，这些问题在繁荣期似乎并不紧迫，传统观点认为房价将无限期地持续上涨，华尔街、华盛顿和学术界的许多人认为严重的金融危机只是过去发生的事情。然而，一旦房地产泡沫破灭，对于损失的恐惧会形成金融乱象，因为投资者和债权人疯狂地减少任何与抵押贷款支持证券相关的人和事的接触，从而引发抛售（现金匮乏的投资者被迫以任意价格出售他们的资产）和追加保证金通知（购买信贷资产的投资者被迫提供更多现金），反过来这又引发了更多的抛售行为和追加保证金通知。金融恐慌使信用系统陷入瘫痪，并打破对整体经济的信心，由此导致的失业和止赎权反过来又在金融体系中引发了更多的恐慌。

十年之后，那种金融恐慌和经济痛苦的末日循环已经开始从公众记忆中消退，但是无论怎样描述当时的混乱和恐怖都不为过。从 2008 年 9 月开始，一个月之内，抵押贷款巨头房利美和房地美突然国有化，这是大萧条以来政府对金融市场进行的规模最大、最令人惊讶的干预。饱受敬重的投资银行雷曼兄弟倒闭了，这是美国历史上规模最大的破产案。经纪公司美林集团投入美国银行的怀抱。政府为保险公司美国国际集团提供了850亿美元的救助，以避免发生比雷曼兄弟倒闭更大的破产案。华盛顿互助银行倒闭案和美联银行倒闭案是美国历史上两起最大的有联邦保险的银行倒闭案。曾经是现代华尔街象征的投资银行模式已经消亡。有史以来政府第一次为价值超过3万亿美元的货币市场基金提供担保，同时还支持价值1万亿美元的商业票据。美国国会最初因为市场崩溃的原因拒绝，之后又批准了这项法案——政府为整个金融体系提供7 000亿美元的资金支持。这一切都发生在总统竞选的胶着阶段。列宁说过，有时候几十年里什么都没发生，有时候几周里发生了几十年的事情——这就是危机时刻的感受。

事实证明，政府危机管理者的权力最初并不足以阻止恐慌，部分原因在于相当多的问题处于美联储对商业银行的主要管辖范围之外，但我们最终说服了国会授予我们恢复市场信心所需要的权力，失控的局面最终得到了控制。在这个党争激烈和政府受到普遍质疑的时刻，共和党先后与民主党、无党派公职人员以及两党的立法机构领导人共同合作，化解几十年来资本主义所遇到的最严重的危机。

我们都坚信自由市场的力量，我们都非常不情愿将鲁莽的银行家和投资者从他们自己所犯的错误中拯救出来。在可能的情况下，美国政府对接受援助的企业施加了苛刻的附带条款，有时候，说服实力较强的机构以及实力较弱的机构参与加强金融体系建设和重振信心的努力会限制项目条款的严苛程度。但我们知道退一步让其放任自流并不是一个合理的选择，资本主义的“看不见的手”无法阻止一场全面的金融崩溃，只有政府“看得见的手”才能做到这一点。全面的金融崩溃会造成恶性衰退，扼杀企业，减少机会，挫败梦想。

事实上，2008年的金融冲击在很多方面都比大萧条时期所遇到的更大，最初的经济影响也是如此。到2008年底，即使在实施了一系列非常激进的金融干预措施之后，美国每个月仍有75万个工作岗位流失，并且经济以每年8%的速度萎缩。但被称为“大衰退”的经济收缩在2009年6月结束，随之而来的复苏已经持续了10年，与以往的危机或此次危机后的其他发达国家相比，美国的这次复苏可谓一次突破性的逆转。美国的股市、劳动力市场和房地产市场都已从谷底反弹，并升至新的高度。有专家预测，我们采取的策略最终将导致恶性通货膨胀、经济停滞和财政枯竭，政府拯救陷入困境的银行以及最终拯救整个金融体系的努力将耗费纳税人数万亿美元，但这并不能解决根本问题。不过，我们有能力使经济恢复增长、金融机构相对较快地恢复经营，各项金融计划最终可以为美国纳税人带来可观的利润。这场危机是具有毁灭性的，它给每个家庭、整个经济体系和美国政治体系都带来了深刻而持久的伤痛记忆。但是，如果没有美国最终成功动员起来的协调一致的、强有力的救助，损失可能会惨重得多。

我们现在就安全了吗?

美国以及世界其他国家已经实施了全面的金融改革，这应该会降低在不久的将来再次发生危机的可能性。部分原因在于这些改革措施使金融机构有更多的资本、更少的杠杆、更多的流动性以及更少地依赖脆弱的短期融资。简而言之，我们今天的金融风险防范制度更加有效。不幸的是，预防从来就不是万无一失的，就像没有建筑物是耐火的一样。尤其是在美国，政府的干预引发了公众的强烈反对，政治家也削弱了风险化解部门应对下一场危机的能力，通过剥夺危机管理者的重要权力以避免未来再行使救助手段。实际上，这些限制措施无论初衷多么好，都有可能使下一场危机变得更糟，由此造成的经济损失会更加严重。关于旨在禁止救助的立法实际上会在未来可能的情况下阻止救助的想法，是一种严重而又危险的错觉。

反弹是不可避免的，也是可以理解的。政府阻止恐慌和修复受损金融系统的行动虽然最终成功了，但并不能保护数百万的人不会因为失去工作或家庭而受到伤害。政府的所作所为确实不可避免地会使许多参与这个支离破碎的体系的人受损，而其中一些人还起到了对金融危机推波助澜的作用。当下一场金融危机爆发时，美国非常希望自己有一个更加有准备的危机防范体系以及一群更加有能力的危机化解者。2008 年危机如此具有破坏性的一个原因是，政府从一开始就缺乏强有力的应对工具。我们担心除非华盛顿做出重大改变，否则未来危机的首当其冲者将面临更少也更弱的手段，就像我们曾经做的那样，他们将不得不在危机已经蔓延的时候，游说政客们提升风险化解部门的权限。

我们希望美国能够为下一场危机做好准备，借用詹姆斯·鲍德温的一句话："火灾终将到来。"这就是我们认为深刻理解上一场危机如此重要的原因。我们需要理解的有：危机是如何开始的，它是如何蔓延的，为什么它的影响如此严重，人们是如何努力应对危机的，什么会起作用，什么会适得其反。我们担心一个不理解这场危机带来的教训的国家，注定要忍受更为糟糕的局面。

其中一些教训是关于预测和预防的，因为将金融危机造成的损失降至最低的最好方法就是不让危机发生。大多数危机确实遵循着一种相似的模式，因此我们有可能去尝试识别警告信号，比如金融体系中的过度杠杆化，特别是当金融体系过于依赖短期融资时，尤其需要注意这些在整个金融体系中属于风险监管措施薄弱并且风险化解途径有限的领域。人们在预判恐慌的能力方面保持谦卑的心态也很重要，因为这样做需要他们预判其他人在整个复杂系统中的相互作用。金融体系本质上是脆弱的，金融风险往往会绕过监管障碍，就像河流绕过岩石一样。因为没有可以确保避免过度自信或困惑的方法，所以没有确定的方法可以避免恐慌。人就是人，这就是为什么我们认为用佛教徒看待死亡的方式来看待危机是有意义的：时间和环境具有不确定性，但可以肯定的是，危机最终会发生。

2008 年金融危机也为我们提供了应对危机的艺术和科学

依据。人们很难提前预测危机，同样也很难较早知道下一场危机将是一场灌木丛火灾，还是一场五级大火的开始。允许濒临倒闭的公司申请破产通常是有利于经济健康的，政策制定者不应该对市场上的小事件或者大银行的困境反应过度，就好像这是一场灾难的前兆一样。反应太快会鼓励冒险者相信他们永远不必为自己的错误赌注承担后果，从而滋生“道德风险”，这会助长更不负责任的投机行为，并为未来危机的爆发埋下伏笔。但是，一旦明确下一场危机是真正的系统性危机，反应不足会比反应过度危险得多，太晚出手比太早介入造成的问题更多，而半途而废的措施只会火上浇油。在一场载入史册的危机中，当务之急始终是结束危机，尽管这可能会造成一些道德风险，存在鼓励未来无原则冒险的缺陷。事实的确如此，但与眼下允许系统性崩溃的负面影响相比就相形见绌了。当恐慌袭来时，政策制定者需要尽其所能去平息恐慌，而不是在意政治后果，无须顾忌意识形态如何，也不管他们过去说过什么或承诺过什么。在金融救助中玩弄政治是可怕的，但放任经济萧条只会更加糟糕。

我们没有简单的解决方案来改进应对危机的政治举措，但我们确实希望可以为我们所做的选择提供一些帮助，并为未来危机中的救助者提供更好的救助方案。我们将尝试解决决策中遗留的一些问题，比如为什么政府救助美国国际集团却不拯救雷曼兄弟，以及为什么我们在危机结束后没有尝试拆分华尔街的大型银行。我们还将讨论危机带来的一些其他教训，包括将稳定金融体系的努力与稳定更大范围经济的刺激计划相结合的重要性，还有需要政府对那些虽然不是传统商业银行，但可能给整个系统带来类似风险的金融公司进行监管。我们将讨论在纷繁复杂的金融战争中做出决策所要面对的挑战，以及在财政部、美联储、联邦存款保险公司和其他愿意有效合作而不是竞争的机构中，拥有经验丰富且具有献身精神的专业人员团队是多么重要。我们还将讨论危机过后改革的力度和限度，以及我们如何相信境况可以得到改善。虽然我们都不是政治家，但我们也要对政治方针进行一些讨论，尽管这经常令人觉得失望与沮丧，但有时却相当鼓舞人心。

政治进程的基调是由最高层决定的，在历史上极其危险的时刻，布什总统和奥巴马总统以非凡的政治勇气支持对金融体系实施备受争议却至关重要的干预措施。虽然我们私下里对国会心存抱怨，但共和党和民主党的立法领导人齐心协力支持将房利美和房地美收归国有，然后拯救整个金融体系的这种看起来具有很大政治副作用的政策，最终成为美国两党大力支持下通过的最后两项重要立法。2008 年的危机和紧随其后的痛苦的经济衰退严重破坏了人们对公共机构的信任。我们认为美国政府应对危机的举措表明，当各级公职人员在巨大的压力下为公众利益而共同努力时，很多事情是有可能的。

我们理解为什么许多美国人并不认为美国政府对危机的反应是成功的，甚至是合法的。因为这些应对方案看起来经常是杂乱无章和前后矛盾的，所以我们还要在黑暗中摸索前进，去探索金融世界里的那些未知领域。我们最初遵循的是传统的策略，但现代金融体系比过去复杂得多，所以我们不得不进行大量的尝试与提升。我们用我们认为并不有效的工具来艰难地应对危机，然后我们努力说服政客们为我们提供更为强大的工具。我们无法发出有力的号召，说服公众接受对银行的救助或其他有争议的政策，但我们一直在努力告诉外界我们在做什么以及为什么要这样做。

我们希望我们现在可以做得更好。关于危机的故事是一个令人感到痛苦的故事，但从某种程度上看，它也是一个充满希望的故事。我们相信这更是一个有益的故事。

目　录

第一章

干燥的火种：危机的根源

美国次级抵押贷款行业不负责任的放款行为是2008年金融危机的导火索。如果不是整个金融体系都积累了“干燥的火种”，这个混乱但相对较小的信贷市场角落的动荡，不可能造成全球性的金融灾难。次贷危机是导致此次金融危机的直接原因，但是还有一些深层次的潜在因素导致脆弱的金融体系在危机面前不堪一击。要理解这场危机的根源，重要的是要知道火花是怎样点燃的，更要知道是什么使森林如此易燃。理解这场危机的根源，对于降低未来危机爆发的可能性和影响力也至关重要。

历史本身不会重演，但是正如马克·吐温所言，历史是押韵的。2008年金融危机延续了历史上历次金融危机所固有的模式——在经济历史学家查尔斯·金德尔伯格的理论中，该模式表现为先是狂热，之后是恐慌，最后是崩溃——只不过到了现代，恐慌变得更加难以预测和遏制。就像每一场重大危机一样，这场危机开始于疯狂的借贷，在过度自信时期表现为信贷繁荣，当信心消失时就出现崩溃。金融体系反映出繁荣时期的过度自信，金融公司承担了过多的风险杠杆，大部分杠杆是以高流动性短期债务的形式存在的，一旦债权人变得紧张不安，这些短期债务就可能会消失。大部分风险转移到传统银行体系之外的公司，在这个领域中，监管和监督都是不足的，旨在紧急情况下保护银行的安全网也无法进入。相当多的金融机构通过直接或间接的渠道过度依赖抵押贷款，包括广泛存在的抵押贷款支持证券，这些证券在房地产泡沫时期被认为是安全的，但在泡沫破裂后就会带来极大风险。它将扩散投资者的恐慌，一开始从劣质的次级抵押贷款到所有的抵押贷款证券，然后逐渐影响到所有被认为购买了这些证券的公司，甚至持续影响到被认为购买了上述公司证券的公司——恐慌是会传染的。

如今，这些问题看起来显而易见，这是得益于十年的后见之明，但在当时可并没有被深刻理解到。虽然每一场危机都始于信贷繁荣，但并非所有的信贷繁荣都终将引发危机。其间，金融体系似乎比 21 世纪初的那几年更加稳定：2005 年是大萧条以来美国首个没有出现银行倒闭的年份。这种繁荣掩盖了美国面临的一些较为严重的长期经济挑战——收入不平等加剧，工资停滞不前，生产率缓慢增长，适龄男性就业率显著下降。但总体而言，美国经济似乎处于相当良好的状态。人们普遍有信心地认为，如果经济真的陷入困境，金融体系也将是有回弹空间的。毕竟在过去的几十年里，它很好地经受住了一系列小幅衰退和其他考验，而且即便经济衰退，银行似乎也有充足的资金来弥补亏损。在那个时期，严谨的经济学家声称，像金融衍生品这类金融创新，因其具有所谓风险分散能力，已经使金融危机成为过去的历史篇章。

但是，金融危机永远不会成为过去的历史篇章。正如经济学家海曼·明斯基的著名论断，长期的稳定可能导致过度自信从而产生不稳定性。在经济繁荣时期，流动性似乎是无限的，资产价值似乎注定会继续上涨，风险开始过度增长，造成的危害可能已经远远超出冒险者的可承受范围。

在危机爆发之前，我们三个人都没有充分认识到现行金融体系中正在形成的脆弱性。不过，我们并不相信金融危机已经成为过去，这也许是因为我们——学术界的伯南克、政府部门的盖特纳、市场领域的保尔森——在职业生涯中花了太多的时间来思考与危机相关的问题。作为普林斯顿大学的经济学教授，伯南克曾是研究大萧条——金融不稳定击垮经济的代表性历史案例的学者。作为财政部以及国际货币基金组织的一名公职人员，盖特纳在应对墨西哥、亚洲与世界其他地区金融危机中已经看到将要面临的挑战。作为高盛的首席执行官，保尔森经历了对冲基金长期资本管理公司破产和俄罗斯债务违约等事件。我们都知道过热的市场会以多快的速度崩溃，虽然没有人表现出应有的忧虑，但也没有人认为金融创新和现代金融的复杂性会使我们免受危机的影响。

金融体系对经济体来说至关重要，但至少在现代化经济体系中，金融本质上是脆弱的。在我们讨论十年前有哪些特殊因素使金融体系一反常态地容易受到恐慌的冲击之前，有必要先谈谈为何金融体系过去、现在以及将来总是容易受到恐慌的影响。

金融体系内在的脆弱性源于以下事实：银行具有两个重要的经济功能，这两个功能偶尔会发生冲突。银行为人们提供了一个容易获得的渠道来存放他们的资金，这样比放在家里更为安全，并且可以获得更高的利率。然后银行用这笔钱为房地产、汽车、贸易等金融风险投资提供贷款，而这些投资可以提高生活水平，推动经济发展。换句话说，短期借入是为了长期借出，这一过程被称为“期限转换”。这是一种能够将资金分配到更有效率的用途上的有效方式，可以使整个社会将资源投入到能够创造繁荣和进步的长期、非流动性的投资中，同时让社会的个体成员在需要的时候获得资金。

但是期限转换也会伴随着一些风险，每个借短贷长的机构都容易受到“银行挤兑”的影响。正如电影《生活多美好》所展示的贝利兄弟的那个著名的场景一样，在影片中，住房贷款协会的乔治·贝利（由詹姆斯·史都华扮演）不得不向吵着要钱的贝德福德小镇的居民做出解释，储户和其他短期债权人借给银行的资金实际上只有很少一部分存在银行。在极少数情况下，债权人会对银行失去信心，这个时候债权人会要求银行兑换他们的资金。同样也是在这种情况下，问题才显得严重，因为人们的大部分资金都已经借出去了。即使是一家资产远高于负债且具有偿付能力的银行，如果其资产的流动性太低而无法满足债权人对于资金的提取要求，也会面临倒闭的风险。

美国和大多数国家一样，通过建立限制银行可承担风险水平的监管措施来降低这种风险，同时再配备政府为储户提供的存款保险，当银行出现不稳定时，降低储户挤兑的冲动。但大多数受理存款业务的银行仍然依赖于其他形式的风险性、流动性资金。在现代社会，银行挤兑已经不再需要跑到现场去，只需要点击鼠标即可。这使银行和其他金融中介机构对于恐慌的爆发特别敏感。只要银行继续受理期限转换业务，并向个人和企业发放具有内在风险的贷款，谨慎的监管就只可能限制这种风险，而不能将其完全消除。

更为普遍的一点是，不同于其他主要依靠成本、商品和服务质量而取胜的企业，金融机构的成功主要依赖于信心。这就是“信用”（credit）一词来自拉丁语中的“信仰”（belief），以及我们相信某事可靠用的是“bank on things”，还有一些金融机构被称为“信托”的原因。传统的银行建筑之所以注重用花岗岩砌外墙和石柱，也是因为这可以在金融的脆弱性之前向外界展现银行具有稳定性和持久性的光环。没有信心，任何金融机构都无法运作，信心是容易消散的，不管是理性还是非理性的，它可以在任何时候消散。当信心退去的时候，它通常会消散得很快，而且很难重建起来。

2008 年金融危机就是一场大规模的银行挤兑所引发的蔓延至整个体系的信心危机。人们出于害怕想要撤回他们的资金，这使留在银行中的资金变得更不安全。因为这诱使更多的人想要撤回他们的资金，一个可以不断自我强化的恶性循环就此形成——恐慌、抛售、资本短缺、追加保证金通知、信贷紧缩，最终触发挤兑。一旦恐慌开始形成，撤回资金以避免受损成为理性的选择，观望才可能是致命的。感知和现实都很重要，因为一旦发生挤兑，挤兑者便不会停止，直到他们重建信心，不仅自己没有合理的理由继续挤兑，其他人也同样没有理由挤兑下去。恐慌深深地扎根于内心深处，从众心理也是强大的，这使恐慌很难被预测，也很难被阻止，恐慌的潜在可能性永远无法被完全根除。换句话说，只要冒险和期限转换仍然是金融的核心，正如只要人类还具有人性，世界就将面临金融危机的威胁。非常不幸的是，灾难总还是有可能发生的。

那又是什么导致这场特殊的灾难爆发了呢?

火花的源头

在危机爆发前的几年里，美国出现了债务迅速增加的现象。普通家庭债务过度扩张，以至于到了危险的地步。家庭债务占国内生产总值的比例上升得如此之快，以至于盖特纳开始把他用来跟踪此类数据的图表称为“富士山”(Mount Fuji)。来自美国和世界各地的商业银行、投资银行、保险公司、抵押贷款公司、财务公司、养老基金和共同基金都开始了信贷扩张。更重要的是，它们经常借入资金来提供信贷，已经积累了价值 36 万亿美元基于脆弱性资金的杠杆资产。从国家层面来看，美国已然入不敷出——依靠其他国家的储蓄维持着。由于全球投资者对低利率和国内投资机会稀少感到沮丧，他们正在海外寻找更好、更安全的机会，一股外国资金涌入美国的浪潮正在形成。伯南克将这种对产生可观回报的资产无止境的需求称为“全球储蓄过剩”，这会产生大量干燥易燃的火种。

信贷繁荣主要发生在美国的抵押贷款市场，从 2001 年到 2007 年，每个美国家庭的抵押贷款债务飙升了 63%，速度远远快于家庭收入的增长。这些新债务中有些发挥了作用，可以帮助人们买房以及通过家庭收入之外的途径获得资金。但有些新贷款则转向了高风险、未成熟的领域，在这些领域，业务准入标准出现了令人惊讶的变化，特别严重的是向低收入借款人发放高风险的次级抵押贷款。许多贷款机构会批准所有的贷款申请，而这些申请几乎是接近总房款的全额贷款，而且不考虑借款人信用记录如何、有没有工作、是否提供可供核实的收入证明，以及对于每月还款的真实意愿如何。这才有了“忍者贷款”，贷给那些没有收入、没有工作、没有固定资产的借款人；还有“骗子贷款”，贷给那些夸大年薪或谎报资产的人。任何人只要在虚线处签个名就可以获得具有诱惑性利率的浮动利率抵押贷款，而这种具有诱惑性的利率在两三年后出现了飙升。

通常情况下，贷款机构有很强的动机来谨慎对待它们发放贷款的数量及对象，因为它们需要得到回款以获取收益。但在危机爆发前的几年里，华尔街的公司满足全球对于安全资产的强烈需求的办法，是将抵押贷款打包为设计越发复杂的抵押贷款支持证券，然后出售给寻求更高回报的投资者。这些投资者的需求让那些华尔街公司对于可以作为证券原材料的抵押贷款产生了同样强烈的欲望。而知道自己可以在不承担任何违约风险的情况下出售抵押贷款的贷款发起人，几乎没有动力去寻找信誉良好的借款者。他们中的很多人所获得的奖金是由贷款规模，而不是由贷款质量来决定的。这些贷款就变成了利润丰厚的磨坊里的谷物，这个磨坊将不同风险水平的抵押贷款与支付流分开，然后将它们重新打包成复杂的证券，直到风险被切分得如此精妙，以至于它似乎消失了。当然，风险并没有消失，只是被隐藏、稀释和传播到世界各地。

“从贷款到证券化”的抵押贷款模型对抵押贷款发起人产生了负面的激励导向，一些分析师将整个危机的根源归咎于此。从这个角度来看，如果贷款者被要求持有更多他们发起的贷款，那么这场灾难本来是可以避免的。因为如果他们将切身利益绑定其中，就不会这么鲁莽。但是抵押贷款模型中所存在的无法回避的问题并不能解释整个故事，因为许多贷款者和他们的母公司确实持有他们自己的贷款以及以他们的贷款为底层资产的证券，并接受它们作为短期贷款市场的坚实抵押品。像美国最大、最激进的抵押贷款机构，美国国家金融服务公司这样的企业，可是有足够的利益绑定于其中的，它们之所以遭受挫败，是因为没有让足够多的风险贷款实现证券化。它们就像是吸食着自己的毒品的毒贩，天真地相信高企的房价会继续涨到天上。

归根结底，抵押贷款繁荣的基本驱动力在于对房地产市场抱有过于乐观的态度。不断上涨的房价促进了宽松的借贷条件，而宽松的借贷条件反过来又推动了房价进一步上涨。有一种广泛存在的假设，即借款人可以在不存在重大风险的情况下，购买远远超过自身负担能力的房子，其原因在于如果遇到还款困难，他们总是可以进行再融资或出售证券获利，多年以来这种乐观的假设往往是正确的。2014 年发表在《美国经济评论》上的一项研究发现，即使是抵押贷款经纪人和华尔街的银行家也在整个繁荣时期将自己的钱投资于房地产。他们和抵押贷款支持证券的投资者一样陷入了狂热之中。有 150 年历史的投资银行雷曼兄弟的高管们也同样受到了蒙蔽，在泡沫已经开始破灭后，以 220 亿美元的价格收购了规模庞大的房地产商阿奇斯通 - 史密斯房地产信托投资公司，这是一笔极具误导性的交易，这场狂热的蔓延既广泛又深入。

在任何情况下，许多新发行的低质量抵押贷款都将对金融体系的稳定性产生重大影响。虽然这可能是一个比较好处理的资产，但抵押贷款的直接损失本身就是一个问题。证券化热潮将这些抵押贷款分割成证券，而这就是一种贯穿整个金融体系的货币和抵押品形式。这些证券通常能够获得信用评级机构的 AAA 评级，而这些评级机构又依赖证券发行人来获得收入，市场几乎经常认为它们与美国国债同等安全。那些为 AAA 评级辩解的有缺陷的模型在一定程度上取决于这种信念，即使美国某个地区的房价真的大幅下跌，全国范围内的房价也不可能同时崩盘。第二次世界大战以来就是如此，部分原因在于旨在促进和扩大住房拥有率的税收政策和政府计划。但是，由地域上多元化的贷款组合而成的证券将持续避免大规模违约风险的乐观假设，最后被证明是错误的。全美房价最终暴跌超过30%，次级抵押贷款违约或接近违约的比例从6%飙升至30%以上。佛罗里达和内华达这样的沙漠州遭受了最为严重的损失，因为那里的价格雪崩幅度最大，但几乎所有的地方状况都很糟糕。

同样，系统性危险并不只是因为抵押贷款看起来不那么安全，系统性危险更在于抵押贷款支持证券已经成为现代金融的重要基础，这使得整个金融体系的健康状况依赖于抵押贷款市场的感知状况，而当时很少有人认识到这一点。即使这些证券是穿透的，并在公开交易所进行交易，对它们的依赖也将是非常危险的。但担保债务凭证、双层担保债务凭证和其他金融工程推出的新产品往往是复杂的、不透明的，并且嵌入了隐藏的杠杆。这些产品本应通过分散以及投资者的需求定制来帮助降低风险，但在长期信贷繁荣末期各种因素的综合作用下，它们使整个系统更容易受到信心危机的影响，也更难在危机开始后稳定下来。一旦抵押贷款开始出现问题，由抵押贷款组成的复杂证券也开始出现风险，集中抛售似乎比弄清楚单只证券的风险程度更容易，也更安全。与此同时，买卖衍生品（与其他资产价值以复杂的方式捆绑在一起的金融资产）的市场是一个陈旧的烂摊子，里面充斥着数以千计的私人交易对手以及他们之间签订的数百万份合同。在这个市场里，有时几乎不可能弄清楚谁持有什么，谁欠谁什么。这意味着在危机中，投资者和债权人将不确定有哪些风险敞口或者他们的对手方发生了什么，不确定性就像置于恐慌之火上方的汽油桶。

尽管如此，在当时，次级抵押贷款市场看起来并不像是摧毁金融体系的主要原因。次级抵押贷款占美国所有未偿还抵押贷款的比例不到1/7。引发危机的违约和拖欠贷款行为大多集中在浮动利率次级抵押贷款上，而这些贷款占所有抵押贷款的比例不到1/12。依据公开数据的统计结果，即使每个次级抵押贷款持有者都违约，所造成的损失也不会太大，而且很容易被大多数主要银行和其他债权人的资本缓冲所吸收。这种计算忽略了几乎所有人都未意识到的一点，那就是抵押贷款有可能正成为整个金融体系的恐慌载体。

点　火

当保尔森于2006年7月离开高盛去华盛顿特区时，高盛在一个虚拟的“密码箱”里持有价值600亿美元的无限制条件国债，这些证券不能被用作抵押品，也不能被用于风险交易。高盛已经意识到好日子不会永远持续，恐慌会拖累负责任之人和鲁莽之人，而在危机中保持流动性充足才是王道。

但这并不是21世纪早期华尔街的主流态度。金融机构在冒险和加杠杆上大行其道，在短期信贷市场大举举债——尤其是“三方回购”和“资产支持商业票据”，这就将赌注押在了与抵押有关的资产和其他形式的私人贷款之上。一些公司的高管担心风险管理体系会发生崩溃，但这些忧虑在繁荣时期可能需要付出高昂的代价。正如2007年花旗集团首席执行官查克·普林斯所说："只要舞曲还在继续，你就得起身走到舞池中继续跳下去。"

并不是所有的泡沫都会威胁整个金融体系的稳定。当20世纪90年代末的互联网泡沫破裂时，购买像Pets.com（宠物电商）这类破产的互联网企业股票的投资者损失惨重，但这并没有产生太多的连锁反应，只是出现了轻微的衰退。真正的问题在于这些泡沫是用借款来融资的，特别是这些资金可能会遭到挤兑。杠杆之所以非常诱人，是因为它是最终的利润倍增器。如果你花100美元购买一项没有杠杆的资产，然后以120美元的价格卖出，你的利润率是20%。但是如果你只花了自己的5美元，然后借另外的95美元购买相同的资产，再以同样的120美元卖出，通过杠杆就奇迹般地创造出了400%的利润。

不利的一面是，在损失方面杠杆具有相同的倍增效应，这就极大地增加了"破产风险"。如果你以同样的杠杆花费相同的100美元购买资产，当资产价值低于95美元时，你就会损失全部投资。如果你的债权人突然要求你偿还贷款，或者迫使你提供额外的抵押品，特别是如果你没有一个装满了只供紧急使用的国债的保险箱，你可能就会真正陷入危机。你必须立即出售资产以避免违约，如果持有类似资产的人同时进行类似的抛售，资产的价格就会进一步下跌，这将引发更多的抛售和追加保证金通知以及违约，一切也就付诸东流了。如果碰巧是一家金融公司，那么这家公司的债权人可能就会对其商业票据失去信任，停止续期隔夜回购贷款，或者迫使其提供更多抵押品，这相当于现代模式的银行挤兑，房地产泡沫破裂后恐慌蔓延的原因也正在于此。

2008 年危机以前，许多大型金融机构加速增加杠杆，在某些情况下，每 1 美元的资本金就会对应 30 美元的杠杆，而对损失所提供的保全措施却是十分有限的。越来越多的杠杆是短期债务，类似于没有加保的银行存款，一旦有危险的迹象出现时，存有疑虑的债权人就能立刻撤回这种可以随时兑付的债务。许多利用隔夜贷款为自己融资的高杠杆率机构变得非常庞大，它们之间的关系错综复杂，它们已经非常紧密地融入现代金融的结构中，以至于一旦它们解体，就会对整个金融体系构成威胁。

这些都是点燃金融危机的导火索。是什么让现实情况变得更加易燃，也更难预测或被阻止呢？其原因在于很多这样的机构从技术层面来看都不是“银行”。这些机构的行为就像银行一样，借短贷长，但它们在商业银行体系之外运作，这些领域既缺失监管，也缺失现有的体系为持有商业银行牌照的机构所提供的安全网。这些机构在风险承担上面临更为宽松或者有时根本不存在的制约，它们的资金来源不是加了保险的存款，它们也没有获得美联储贴现窗口的通道权限，贴现窗口在必要时可以向商业银行提供紧急贷款。在危机到来之前，美国金融业超过一半的杠杆已经转移到了这些“影子银行”或“非银行”

机构——类似贝尔斯登和雷曼兄弟这样的投资银行，房利美和房地美这样的抵押贷款巨头，美国国际集团这样的保险公司，还有货币市场基金，以及通用电气金融服务公司和通用汽车金融服务公司这样的公司金融部门，甚至还有传统商业银行的非银行类附属机构。这些公司都参与了脆弱但是点石成金一般的期限转换过程，但它们缺少不会被挤兑的保险存款所拥有的那种安全保障，缺少对于杠杆的有效监管约束，如果它们的融资瞬间蒸发，也没有能力向美联储求助。这种对非银行机构缺乏监督的做法尤其危险，但整个美国的金融监管体系都是支离破碎的，整个体系充满了冗余官僚体系的派系斗争。虽然商业银行拥有最为规范的监管，但监督责任被分配给了美联储、货币监理署（OCC）、联邦存款保险公司以及美国储蓄机构监管办公室（OTS），以及协助监管美国银行的海外分支机构和各州银行委员会，这些机构分别被赋予了不同类型的监管权力。有时候，通过法律形式上的改变，一些银行实际上可以自我选择监管机构。美国国家金融服务公司将自己重组为一家储蓄机构以接受 OTS 声明狼藉的宽松监管，这些机构经常面临着边界模糊不清的多重监管者。

在商业银行体系之外，监管更为宽松。抵押贷款巨头房利美和房地美作为政府出资企业，它们自己的监管机构基本上是无效的。美国证券交易委员会对投资银行进行监管，但并未试图限制它们的杠杆或限制它们对于短期资金的依赖。美国证券交易委员会主要关注的是投资者保护，美国商品期货交易委员会也是如此，其职权范围包括许多衍生品市场。美国联邦贸易委员会、美联储、联邦以及州的许多其他机构都从各种角度承担了保护金融消费者的责任，但这并不是它们的首要监管任务。

另一个关键的空白是这些机构都不负责分析或防范系统性风险。没有一个监管机构负责维护或者监控整个系统的安全性和稳健性，它们仅仅关注单个机构的安全性和稳健性。没有一个监管者能关注到涵盖非银行和银行的整个系统。没有人能够从总体安全性角度对衍生品、隔夜资金及其他跨机构或监管界限的行为对于系统稳定性的潜在威胁进行合理评估。尽管联邦存款保险公司拥有紧急权力，可以迅速有序地关闭濒临倒闭的商业银行，但没有人有权在危机期间及时介入以避免一家大型非银行机构的草率破产。

我们对此都感到内心不安，我们三人在危机爆发前都在各自的机构内成立了新的风险委员会和任务工作组，并试图将主要精力集中在系统性威胁方面。我们努力扭转过度自信的盛行导向，着力纠正危机已经成为历史的观点，呼吁更加稳健的风险管理以及对尾部风险保持谨慎态度。我们在行动上没有足够的创造力或力度来控制这些风险，并且我们都没有意识到这些风险是如何失控的。从我们所有的危机经历来说，我们仍然没有预见到这将是我们此生遇到的最糟糕的危机。后来当伯南克被问到这场危机中最让他惊讶的是什么时，他回答道："就是这场危机。"尽管我们都担心政府无法确保我们混乱而复杂的系统的安全与稳健，但我们并不认为它处于恐慌的边缘。我们担心可能会发生一些可怕的事情，但即使在接下来的几个月里，我们也没有预见到这种情况会如何发展。例如，我们和其他大多数人都没有预料到短期批发融资市场会遇到挤兑，因为其中大部分融资是有抵押的，这在违约情况下为投资者提供了保护措施。我们没有预料到在恐慌的情况下投资者甚至不会考虑高质量的抵押品，作为一种充分的担保，这些抵押品将会在不断恶化的市场环境中实现快速售出。

预判出错的一部分原因在于失败的想象力，另一部分原因在于政府内机构组织的失误。同时，也缺失对于监测或处理系统性风险承担责任与义务的总体机构。杂乱无章的监管体系是如此支离破碎，以至于发生的很多问题都没有被纳入监管者的视线之内，或者被视为其他部门的问题。这场危机特别难以预测，是因为它不仅是一两个显性因素的结果，而且是许多不断发展的趋势之间一系列复杂的相互作用的结果，具体包括金融杠杆的爆炸性增长、对于易发生挤兑的短期融资的依赖、风险向影子银行系统的转移、“大到不能倒”机构的崛起，以及无处不在的由劣质抵押贷款形成的复杂衍生品。这些因素中的每一个都将在事态发展中发挥独立的作用，而它们之间的相互影响却造成了特别危险的恐慌情绪。

当然，不仅仅是我们遇到了挫折，这场危机几乎让所有人都感到意外。危机预测的一个教训是，预测金融危机是极其困难的。有些人可能对某些事情有先见之明，但不能指望将先见之明作为一种现实性的危机防范策略。

防患于未然之艰难

金融体系天生具有脆弱性，但包括立法者在内的政策制定者却可以或多或少地使金融系统更加脆弱。从事后情况来看，政府未能遏制引发危机的过度行为。非常明显的一个例子是，政府允许主要的金融机构放大过多的风险杠杆，却没有坚持让它们储备足够的资本，而一家机构对杠杆的依赖程度越高，它的资本流水平就越低，所受到冲击的风险也就越大。资本金作为减震器可以帮助一家机构承担亏损、保持信心，并在危机期间保持偿付能力。现在回想起来，美国的金融机构当时确实需要更多的资本金。

但这只是回顾过去，在当时的情况下，银行很容易就超过法定的资本金要求，而且监管者认为它们并不能要求这些金融机构补充更多的资本金。纽约联邦储备银行确实要求其监管的银行进行压力测试，模拟衰退和其他类型冲击的潜在影响，这么长时间以来情况一直很好，以至于这些机构无法想象到后果是如此惨烈。没有一家银行提出会严重削弱其资本缓冲的方案，这是长期平安无事所造成的负面影响，即会导致这些机构处于自满的状态。

后来逐渐清晰的是，旨在防范由相对小幅衰退造成各种损失的银行资本管理制度其实并不够保守。监管机构允许银行将太多低质量的资本计入它们的法定比率，而不是坚持使用吸收亏损的普通股。监管者没有意识到银行在复杂的衍生品和表外工具中隐藏了多少杠杆，这使得这些产品的资本化水平看起来比实际的情况要好很多。但这通常并不是银行故意欺骗的结果，因为一般情况下，银行本身无法评估其全部的风险敞口。大多数银行家和他们的客户一样，对房地产市场的风险还是过于自信了。尽管现有的商业银行资本管理制度过于薄弱，但它仍然强大到足以将价值数万亿美元的杠杆注入不受约束的非银行机构。对银行资本水平、银行流动性水平或银行对短期融资的依赖程度进行更为严格的审查，可能会导致更多的杠杆流入资本不足的影子银行体系，而这些机构既不受监管机构管辖，也不受美联储安全网的保护。风险就像爱情一样，总会找到合适的办法。这是一个悖论，也是一个内在的危险，一个支离破碎的监管体系为自称为银行的机构以及以其他名称命名的机构设定了不同的标准。从技术上讲，此次危机中最为脆弱的机构并不是银行，尽管这些机构沿用了许多银行的商业模式。美国的资本制度最具有破坏性的问题不在于太薄弱，而是适用范围太窄。那些在抵押贷款相关投资方面最鲁莽、资金基础最不稳定的机构，其资本缓冲也最为薄弱，而它们的运营领域基本上也超出了监管体系所控制的范围。

理想情况下，应该有一个更强大、更全面的监管体系以及更严厉、更积极主动的监管机构，但在繁荣时期，政治家们对加强任何形式的金融监管都没有多大兴趣。联邦存款保险公司2003年的年度报告中收录了一张照片，照片中联邦监管机构和银行游说家使用链锯和修剪枝叶的大剪刀剪向红色的丝带，这反映出那个年代对干涉市场的行政官员的态度是如此不屑一顾。如果当前的市场主流情绪不利于更严格地执行针对银行的监管规定，那么它将完全反对将这些监管规则现代化或将其扩展为非银行机构的改革措施。利润丰厚的金融业者为自己的特权进行了辩护，他们用于游说华盛顿和用于竞选的捐款比以往任何时候都多。美国国会在1999年的《格雷姆－里奇－比利雷法案》中通过了一项重要的金融放松管制规定，危机前的主要问题正在于是否会有更多的放松管制措施，而不是重新管制。

正如我们的一些前任一样，我们三人认识到如果没有一场危机为改革提供合适的理由，要实现改革是极其困难的，房利美和房地美就是最生动的案例。这两家公司拥有或担保了美国一半的住房抵押贷款。我们在危机前都曾对这种情况十分担心，因为这些机构处于严重资本不足和监管不足的状态。市场参与者认为政府既然给它们发了牌照，那么在它们遇到麻烦时政府就会出手相助，因此这些公司认为不断增加杠杆是安全的，这就是道德风险的真实案例。2005年伯南克在布什政府担任经济顾问委员会主席期间，致力于加强监管以控制“两房”冒险行为的改革，但房利美和房地美在国会拥有强大的资源，从而导致改革无疾而终。2006年保尔森出任财政部长时重燃了改革的梦想，并最终与民主党人巴尼·弗兰克达成了一项经两党妥协而形成的议案，将对房利美和房地美的投机行为进行限制，同时建立一个更强大的监管机构和更严格的监管标准。该议案在众议院获得通过，但在参议院受阻，改革将不得不等到“两房”濒临倒闭之时才能实施。

在繁荣时期要想提高金融体系的稳定性是较为艰难的，部分原因在于金融体系在这时看上去非常健康。保尔森领导财政部制订了监管体系重组计划，该计划将为危机后的改革提供一份蓝图，但当该计划真正面世的时候，却基本上被人们忽略了。伯南克在华盛顿联邦储备银行设立了一个金融稳定部门，他主持制定了更严格的监管指导以限制商业银行对于商业地产和其他风险的风险敞口。盖特纳与美国及其他国家监管者做了一系列努力，旨在改善风险管理水平，并将更多的注意力放在危机风险方面。2005 年，由纽约联邦储备银行牵头，与其他监管机构一道，迫使华尔街顶级衍生品交易商升级陈旧的后台基础设施，使衍生品交易系统实现现代化。在这个陈旧的系统中，衍生品订单经常被传真到无人看管的机器上，交易常常几个月得不到确认。虽然这些变化减轻了潜在的混乱和恐慌，但并没有降低金融系统的整体杠杆率。这些公司并不愿意减少风险衍生品的风险敞口，因为它们不想失去既有的市场份额。谨慎的建议并不能抵消普遍的乐观情绪，真可谓“江山易改，本性难移”。

我们为使监管体系转向责任导向而做的微薄努力，无异于亡羊补牢。例如，在伯南克上任美联储主席后，美联储最终采取行动打击无证贷款和其他令人震惊的滥用抵押贷款行为，但在新的监管规定艰难地履行政策制定程序时，危机已经开始了。联邦监管机构管控那些不负责任贷款的余地也没有它希望的那么大。2005 年，联邦监管下的银行和储蓄机构只发放了所有次级抵押贷款的 20%。一旦那些可疑贷款被发放并且被证券化，监管机构就无法收回贷款或取消证券发行，也无法阻止对于这些产品的恐慌在整个金融体系中蔓延。

我们本应更早、更努力地去推动改革，但整治抵押贷款将会打破美国的政治传统，更不用说美国房地产业在各界所具有的影响力了。两党达成了长期的共识：拥有住房对“美国梦”至关重要。抵押贷款热潮将这一梦想扩展到比以往任何时候都多的美国人身上，并因此而广受欢迎，这也将美国的房屋拥有率推高至创纪录的 69%。次级贷款尤其受到赞扬，因为它使信贷民主化，使低收入家庭受益，尤其是那些被排除在这一梦想之外的少数群体。华盛顿几乎没有人支持打击将租房者变成房主的懒散承销行为，尽管这些新买家中的一些人是被利用了。

总的来说，在大萧条之后的几十年里，随着金融体系的发展而发展起来的监管体制，可能已经阻止了金融杠杆、短期融资、影子银行，甚至在体系中传播恐慌的不透明抵押贷款支持衍生品的同时爆发。但美国实际的监管体制没有能力拆除这些炸弹，繁荣时期的政治气候也不利于开展体制改革。为降低危机风险而采取的孤立主义或监管措施似乎仍遥遥无期，也没有任何动力。即使政策制定者对这种风险有先见之明，我们也很难看出如何说服这些陷入狂热的成年人去改变他们危险但合法的行为。

未觉察的火花

无论如何，我们都不能未卜先知。

到了 2007 年的春天，房地产的繁荣显然已经结束，而次级抵押贷款市场也一蹶不振。但是就业市场依然强劲，银行的资本水平似乎也依然充足。我们并不相信泡沫的破裂会对房地产以外的金融或经济产生重大影响。次级抵押贷款市场问题对于整个经济和金融市场的影响似乎处于可控的状态。2007 年 3 月伯南克在国会进行听证时，保尔森还表示次贷问题在那年春季“基本上得到了控制”。经济状况确实看起来非常健康，经济增长在当年的大部分时间里保持了良好势头。

2007 年 3 月，盖特纳在夏洛特市的演讲中警告人们要高度关注“我们可以称之为反尾或者负面极端的情况”。他认为次贷市场的崩溃可能产生“正反馈动力”（positive feedback dynamics），这是一个恶性循环，对于风险敞口的违约风险和不确定性的担忧可能导致抛售现象，这可能是因为抵押贷款支持的衍生品看上去更不可靠而导致追加保证金通知，交易对手的信用也会变得更差，从而导致更多的抛售现象。这就是最终可能发生的事情，但是盖特纳的结论是这种情景不太可能发生："到目前为止，几乎没有迹象表明信贷市场次级贷这一领域的混乱会对整个市场产生持久影响。"

然而，到了 2007 年夏天，这种恶性循环就开始显现了。次级抵押贷款机构——美国国家金融服务公司的现金开始告罄，其最大的竞争对手也破产了。由贝尔斯登提供资金的两家对冲基金——其中一家是增强杠杆基金，该基金是在增加杠杆成为主流导向时成立的，并因此而得名——也在抵押贷款组合出现问题后倒闭。

考虑到我们当时所掌握的情况，我们的假设似乎是合理的，即对于次贷领域的整肃将给局部混乱的信贷市场带来一些良性的市场秩序，而不会造成更大幅度的损害。但这个分析又过于合理了，我们的分析集中在次级抵押贷款的适度规模和范围上，但却忽略了恐慌这一无法量化的变量。我们没有预见到抵押贷款支持证券的复杂性和不透明性将如何导致债权人和投资者逃离与抵押贷款有关的任何东西和任何人，而不仅仅是次级抵押贷款。我们没有预料到房地产市场某一领域的坏消息会产生经济学家加里·戈顿所称的大肠杆菌效应。在大肠杆菌效应中，几起受污染汉堡事件的传言吓得消费者拒绝所有肉类，而不是试图弄清楚哪些商店、哪些地区的哪些肉类受到了污染。

次贷是一个问题，但是如果它只是次贷借款人和次贷贷款人的问题，则并不能引起金融恐慌。超过一半的美国房屋损失发生在 2008 年 9 月的破产和濒临破产之后。如果没有恐慌，次贷领域相对孤立的问题本应得到遏制。恐慌把那些孤立的火花引燃，最终蔓延为金融浩劫。

但是即使弄清楚金融浩劫的心理学根源，也并不能降低其危险程度，因为金融危机的预防机制失效了，现在这个金融系统的命运将取决于如何灭火。

第二章

第一束火焰：

2007 年 8 月—2008 年 3 月

2007年7月9日，法国巴黎银行宣布冻结赎回三只持有美国次级抵押贷款支持证券的基金，并将冻结的原因归于市场流动性的全面丧失。我们对危机有足够的了解，所以预感这次将是一场大危机，尽管那时我们还不知道它会演变成几代人以来所经历的最为严重的一场危机。

这则消息之所以让人如此不安，不仅是因为次级抵押贷款支持证券正在贬值，还因为法国巴黎银行表示不知道如何给这些证券赋予任何价值，因为没有人会不考虑质量问题而去购买这些证券。这种早期的恐慌和不确定性就是构成恐慌的原因。银行纷纷囤积现金，同业拆借利率也在飙升，惊慌失措的投资者正从其他基金中抽出资金，以确保他们的现金不会同样被冻结。

在任何一场危机的早期阶段，政策制定者都必须灵活调整力度以应对他们尚未完全理解的形势。那些一有危险苗头就习惯性地施以援手的政府可能会造成真正的道德风险，这可能会鼓励一些不计后果的投机行为，纵容没有生存能力的僵尸银行，并使金融体系将来可能从更高的悬崖上跌落下来。但是反应不足比反应过度的代价更大，其危害性也会更大。伯南克的学术研究成果表明了怯懦的央行行长的无作为是如何使大萧条走向深渊的。非常不幸的是，危机并不会宣称自己是一场将自我燃烧殆尽的空前的森林火灾，也不会表明自己是一场可能摧毁金融体系核心的系统性噩梦。政策制定者需要在危机发展过程中弄清楚这一点。

金融危机早期并不是一个令人难忘的阶段。美国人今天还记得政府介入以拯救贝尔斯登、房利美、房地美、美国国际集团，并最终拯救了整个金融体系，但在应对危机的初期阶段，我们却悄悄地拒绝过那些寻求帮助的公司。美联储起初采取的是传统的救助方式，但后来又采取不那么传统的央行贷款方式，力图恢复金融体系的流动性。更加戏剧化的危机升级将在火势更加凶猛之后发生。早在大多数家庭感受到大萧条的影响之前，金融体系的稳定性就已经开始受到侵蚀，甚至我们早期的适度干预也被批评为误入歧途的过度反应，因为这样做会拯救那些不计后果的机构并加剧道德风险。

在整个危机期间，我们三个人是作为一个团队去开展各项工作的，每天都要进行交流沟通，而且通常都是一天好几次。由于危机最初的问题是流动性短缺，而且当时财政部在金融领域的权限非常有限，所以基本上所有的早期救助行动都不得不由美联储来操作。

白芝浩剧本

在通常情况下，中央银行的主要作用是通过降低或提高利率来促进经济增长，或者采取紧急制动手段来避免通胀。但当信心减弱、信贷市场失灵时，中央银行也可以成为最后的贷款人，在私营贷款机构不愿提供流动性的情况下，为有偿付能力的企业提供流动性救助。众所周知，美联储最后贷款人的职能就是贴现窗口，这可以为任何面临现金短缺问题的商业银行提供紧急流动性救助。进入贴现窗口的目的是，让银行能够满足私人债权人的提款要求，而不必在一场动荡的大甩卖中抛售他们的资产。除了存款保险以及联邦存款保险公司规范化管理破产储蓄机构的工具之外，联邦政府对传统银行体系的保护也是非常有力的。非常不幸的是，传统的银行体系已经不再是美国金融业的主导，它也不再是美国金融业问题的中心。但是在危机的早期阶段，贴现窗口天然地成为危机爆发的原点。

1873 年，英国记者沃尔特·白芝浩撰写了《伦巴第街》，该书被中央银行奉为圣经，其主要论点至今仍是危机应对策略中的关键部分。白芝浩认识到阻止挤兑的唯一方法是向外界表明根本没有必要挤兑，在恐慌消退之前要让有偿付能力的公司非常容易获得贷款。他写道："自由而大胆地放贷，只有这样才能让公众觉得你是打算持续放贷的。"白芝浩建议采用"惩罚性利率"，这些贷款应该足够昂贵，只有这样在危机持续时贷款才能保持吸引力，而且它们应该由可靠的抵押品担保，以保证央行面临违约时的安全。我们的目标应该是在私人资金枯竭的情况下获得公共资金，这样才能抵御恐慌并稳定信贷。伯南克的研究表明，信贷渠道的堵塞会给经济带来很大的破坏，而美联储在20世纪30年代不愿提供流动性正是造成大萧条的原因之一。

法国巴黎银行的消息引发了一场典型的流动性危机，由于忧虑的债权人对抵押品越来越挑剔，并缩短了贷款期限，于是资金流向了更加具有安全性的资产。欧洲中央银行通过在公开市场购买证券，迅速向冻结的信贷市场注入1 300亿美元。美联储通过购买国债又注入620亿美元，并发表声明鼓励银行利用贴现窗口融资。甚至那些如同教科书般的初始救助方案也被批评为太快、太多，英格兰银行行长默文·金恩也指责欧洲中央银行和美联储对市场波动的反应过度。一个月后，英格兰银行在150年来英国首次出现银行挤兑之后也提供了类似的流动性救助。在美联储内部，联邦公开市场委员会的几名成员为避免道德风险，希望对贴现窗口贷款附加更为苛刻的条件，但伯南克和盖特纳不想给那些已经与美联储贷款密切相关的银行再添污名。我们不想让银行远离贴现窗口，我们希望它们拿到美联储的资金然后把钱贷出去。

流动性的全面注入帮助市场恢复了一些平静，但即使没有烦琐的条件，美联储开门迎客的信息也并没有吸引银行进入贴现窗口。这些贷款本应是保密的，但如果市场得知银行支付了惩罚性利率，银行担心它们会变得无比软弱与绝望。这就是污名问题的本质所在，污名问题使得金融机构不愿接受政府的帮助，即便政府的帮助对整个体系的稳定至关重要。美联储试图通过降低惩罚性利率和延长银行的借款期限来提高贴现窗口借款对于银行的吸引力。美联储从来没有在贴现窗口贷款上损失过一美元，所以这感觉像是一个极其温和的危机升级过程。美联储内外许多敌视通胀的鹰派和其他怀疑论者认为，央行应该让市场自行调整，而不是去干预他们认为良好而且必要的去杠杆化过程。里士满联邦储备银行行长杰弗里·拉克尔表示："我意识到，采取行动或者至少让人看到自己在做什么的冲动是无法抗拒的。但我认为我们需要避免扮演'解决问题先生'的冲动。"

美联储的存在是为了在信贷市场冻结时采取必要的行动。当人们无法获得住房贷款、汽车贷款、学生贷款或商业贷款时，经济就会凋零。鹰派认为通货膨胀是一个更严重的危险，即使在危机加剧的时候，他们仍然坚信这一点。从伯南克的角度来看，美联储在信贷紧缩期间对通货膨胀和道德风险的执迷已经导致了一场萧条，他并不打算重现这一幕。

这些辩论是金融危机中混乱政治的早期迹象。法国总统尼古拉·萨科齐建议保尔森树立一个容易被仇恨的目标，以转移来自公众的不可避免的抨击，他建议将那些把垃圾债券评定为 AAA 级的评级机构当作替罪羊。萨科齐取笑保尔森说："你需要一个简单的故事，我知道你不想责怪银行家。"但我们不认为我们的工作是把这场危机归咎于谁，我们只是想化解危机而已。

白芝浩的处方是应对流动性紧缩的必要回应。我们希望这会有助于平息市场担忧以稳定局势，而不是人为地维持金融繁荣。我们并不打算向金融体系提供超出保护整体经济所需要的任何政府支持。

资本主义依赖于具有创造性的破坏。有人设计了一种更好的捕鼠器，所以现有的捕鼠器制造商必须适应这个变化，否则就会灭亡。汽车制造商淘汰了马车制造商，然后市场决定哪一家汽车制造商能够生存下来。同样的原则也适用于金融公司。只有强壮、敏捷和可靠的个体才会茁壮成长，而轻率和容易犯错的个体则会被淘汰掉。失败通常是一种健康的自然现象，需要向幸存者灌输一些纪律。在危机的早期阶段，一个默认的假设应该是，私营企业将承担它们所犯错误的后果，即使这些企业经常大声疾呼寻求帮助，即使政策制定者经常受到压力，要采取行动证明他们非常明白这一点。不是所有的泡沫，甚至不是所有的崩溃都是以灾难告终的。只要损失是在可承受范围内，让金融危机持续一段时间其实并不是坏事，它可以清除金融体系内的杂草，从而提高金融体系的韧性。在资产泡沫破灭后遭受一些金融损失是不可避免的，试图阻止所有的去杠杆化或继续维持不可持续的做法反而会适得其反。

严重的金融恐慌通常不会自我纠正，当恐慌和不确定性积聚了太多的动力时，金融危机就有可能处于失控状态。有时候政策制定者采取行动过于缓慢，这是因为他们并不认为危机会很严重，同时也因为他们过于在意避免道德风险，或者因为他们过于关注政治后果的影响。恐慌既能吞噬精明强干的人，也能吞噬鲁莽软弱的人；既能吞噬无辜的旁观者，也能吞噬杠杆过高的投机者。恐慌是会传染的，正如 20 世纪 90 年代墨西哥的债务问题引发了人们对其他拉美新兴经济体发行债券的担忧，这就是所谓的龙舌兰酒效应。2007 年次级抵押贷款违约引发了人们对较为安全的次优抵押贷款，甚至是面向实力最强的借款人的优质抵押贷款的怀疑。在将痛苦转嫁给不负责任的人的良性调整，与不分青红皂白对整个系统造成破坏的恐慌之间，有一条模糊而难以分辨的界线。系统性危机并不是自由市场绝对主义或道德风险纯粹主义可以大行其道的时候，原因在于危机会使贷款、就业和收入陷入严重的险境，还在于如果政府不以主权信贷取代私人信贷，系统性危机很少会结束，当然这可能会将一些公共资金置于风险之中，并因此产生某种道德上的风险。这是混乱的，也是令人反感的，但这比金融崩溃更可取，因为金融崩溃会让范围更大的经济体陷入混乱。

投资者总是会对央行施加压力，要求央行采取更多的行动以提振市场，而各国央行也总是会面临着政治压力，要求它们采取更少的行动，从而给投机者一个教训。伯南克不想通过向陷入困境的市场发出央行无限支持的信号来释放“伯南克看跌期权”的信号，但他显然不希望金融动荡扼杀信贷，重演 20 世纪 30 年代的那一幕。挑战在于要弄清楚金融体系真正需要多少支持，而不是想要多少支持。

政策制定者不能相信他们从市场参与者那里听到的一切声音，即使是最可信的人也会有意无意地宣扬他们的主张。我们的彭博终端并没有足够的信息来让我们了解市场中不断增长的风险。我们经常与其他机构和其他国家的同行进行电话沟通，我们也定期与纽约和美国其他地方大大小小的金融机构的高管们进行交流。有时候他们让我们从他们的客户和银行家的想法中了解到市场现状，有时候我们只是想听听他们的声音里面夹杂了多少恐慌。有时他们表示出信心，有时他们也会恳求帮助。他们往往对未来的风险知之甚少，我们必须理清所有的困惑和私利，以决定什么是符合公众利益的。

第一家向美联储寻求直接帮助的公司是美国国家金融服务公司，一个资产达 2 000 亿美元的典型案例，因为它的过度行为助长了房地产市场的繁荣。2006 年，美国每五笔抵押贷款中就有一笔是由该公司提供的，但在危机开始时，其债务违约保险成本在一个月内飙升了 800%。该公司的首席执行官安吉洛·莫兹罗坚称公司状况良好，他指责那些对公司流动性降低发出警告的分析师的所作所为，就如同在人潮拥挤的剧院里大喊“着火了”。正如白芝浩所叙述的，虚张声势很少能够重塑信心，每个银行家都清楚如果他必须证明自己是具有信用的人，不管他的论据有多么充分，实际上他的信用已经消失了。

美国国家金融服务公司是涵盖金融体系中几乎所有漏洞的一个典型案例，过度依赖低质量的房屋抵押贷款、监管套利，尤其是容易挤兑的短期融资。首先，它的一些债权人停止了商业票据的展期，迫使它出售资产来偿还债务。然后在 8 月 15 日当晚，美国国家金融服务公司的清算银行——纽约梅隆银行，看起来将拒绝履行其 450 亿美元的回购协议。因为这预示着当有新的借款方有意愿放贷时，纽约梅隆银行不得不暂时承担美国国家金融服务公司即将到期的回购债务，这表明它不愿为美国国家金融服务公司的稳定性提供担保。（回购是一种短期债务形式，被金融机构广泛使用。政府不为其提供担保，但借款人将其部分金融资产作为抵押。）这次不信任投票可能会引发美国国家金融服务公司用作抵押品的证券遭到更大规模的贱卖，可能还会使美国国家金融服务公司遭到挤兑。

纽约梅隆银行表示，只有在美联储为其在美国国家金融服务公司的风险敞口造成的日内损失提供赔偿的情况下，它才会履行那些回购协议。这从本质上要求美联储为整个回购市场提供担保，因为处于类似困境的公司期望会得到类似的待遇。与此同时，莫兹罗希望美联储允许美国国家金融服务公司这样急需现金的非银行机构从贴现窗口借款。这需要启动《联邦储备法》第 13（3）条，该条款授权可以在“不寻常和紧急的情况下”采取紧急行动。自从大萧条以来，该条款就没有被启用过，而美国国家金融服务公司仍然有机会获得 115 亿美元的信贷额度。

伯南克和盖特纳决定不采取干预措施。此时正处于危机的早期阶段，我们不想向外界传递这样的信息，即政府将支持任何陷入困境的大公司。美联储是最后贷款人，我们没有理由帮助一家仍然能够自救的公司。美国国家金融服务公司最终在当天深夜同意降低其信贷额度，并提高抵押品的等级，因此纽约梅隆银行同意解除回购。美国银行在不久之后收购了美国国家金融服务公司，并揽下它的债务，将问题转移到了自己的资产负债表之中。

不过，这场美国国家金融服务公司的闹剧预示了传统银行之外正在酝酿的问题，以及我们解决这些问题的有限能力。这也是一个令人不安的例子，表明了批发融资所具有的危险性。在动荡的一周内，美国国债收益率与资产支持商业票据之间的息差飙升了 8 倍，从 35 个基点升至 280 个基点（或者说，从 0.35 个百分点升至 2.80 个百分点）。我们刚刚看到 1.2 万亿美元的商业票据市场和 2.3 万亿美元的回购市场可能很容易受到冲击。

超越白芝浩

美联储这种“开门迎客”的做法，最终并没有吸引许多银行早早地进入贴现窗口。贴现窗口之所以会提前关闭，一部分原因在于银行从美联储借款的污名依然存在，另外一部分原因在于市场的动荡有所缓解。股市创下历史新高，银行间拆借利率企稳，雷曼兄弟完成了对房地产公司阿奇斯通 - 史密斯的错误收购。到目前为止，这场危机的结局就像 1998 年危机的重演，当时规模庞大的对冲基金——长期资本管理公司的倒闭引发了各界广泛的忧虑，但在美联储适度干预之后，这个事件并没有造成更大范围的损害。

但是这种平静并没有持续多久。首先，美林宣布核销华尔街历史上最大规模的不良资产，并罢免其首席执行官。随后，花旗集团打破了美林的纪录，同时将首席执行官解职。这位首席执行官此前曾表示银行需要在舞曲没有停下来时，回到舞池继续跳舞。损失规模大到令人恐惧，但从心理层面来看，金融巨头不知道自己的资产负债表中隐藏着多少惊人的意外，这更让人觉得可怕。美林的核销规模是三周前预期的两倍，花旗的核销规模是其上次业绩电话会议预测量的 7 倍。两家公司都披露了它们之前显然没有注意到的新的巨额次贷风险敞口。它们看上去毫无察觉，但给人的一种印象就是，它们周边的损失正在激增。

损失的来源也是令人不安的。美林的损失主要来自超优级担保债务凭证，这是一种被认为更为安全的抵押贷款证券。它们仍然是抵押贷款证券，因此购买或接受它们作为抵押品的投资者和债权人，在没有进行太多分析的情况下就开始出售它们，同时也在几乎没有分析的情况下就拒绝将它们作为抵押品。超优级担保债务凭证突发严重问题的迹象表明，狂热正在转变为恐慌，这也显示出市场只是害怕“抵押贷款”这个词。花旗集团 1.2 万亿美元的结构性投资工具和其他藏匿在资产负债表之外的资产也面临着类似的问题。结构性投资工具的资金来源独立于发起银行，在繁荣时期被认为是安全的。少数有次贷风险敞口的结构性投资工具出险了，受到惊吓的投资者纷纷逃离所有结构性投资工具，这迫使花旗等公司将不良资产重新纳入资产负债表，以避免声誉受损。

保尔森试图通过设计一个“超级结构性投资工具”来缓解这个问题，这是一个私人融资的投资基金，该基金将通过购买结构性投资工具资产以避免不稳定的大甩卖。大银行因为自身的问题太多而无法为其融资，这一努力由于没有政府的支持而以失败告终。美联储还通过要求花旗减少股息来迫使其节约资本。我们共同向其他陷入困境的机构施压以要求它们筹集资本。花旗在接下来的几个月里筹集了200亿美元，其资金主要来自中东和亚洲的主权财富基金。摩根士丹利和美林也引入了外国投资者，它们眼睁睁看着自己在华尔街知名公司新持有的股份几乎立刻化为乌有。

大肠杆菌效应开始显现了，投资者和债权人开始回避所有类别的金融产品，无论这些产品是否受到次级抵押贷款的污染。这就压低了这些产品的价格，使它们看起来更加具有毒性，就好像吃肉会导致大肠杆菌传播一样。恐惧是压倒一切的原因，因为没人知道坏消息什么时候会引发新一轮的大减价，做最坏的打算才是合理的。有问题的证券总有一天会实现其价值回归，并非所有的抵押贷款都会违约，而那些违约的抵押贷款将在止赎销售中重新获得部分价值。但在没有人想要这些证券的时刻，它们的价格却在持续下跌，而这与它们的潜在质量无关。

这似乎开始成为一个传统的白芝浩方案无法解决的问题。事实证明，美联储的传统工具在疏通信贷体系的重要部分方面是无效的，这些工具大多由向美国商业银行提供的抵押贷款构成。少数几家敢于进入贴现窗口的银行并没有向其他金融机构或任何机构发放贷款，而且许多陷入困境的机构也并不是商业银行。美联储在 12 月决定推出两项旨在提高流动性的新举措，试探性地跳出了白芝浩的基本思路而进入未知的水域。

第一个是定期拍卖工具，这是一个旨在克服贴现窗口不利影响的项目，它不仅延长了贷款期限，还将贷款拍卖给符合条件的银行，而不是以固定利率放贷。借款人将支付由拍卖决定的市场利率，而不是惩罚性利率，因此，如果他们的贷款消息泄露出去，他们不会显得那么绝望。美联储在一年内通过定期拍卖工具发放的贷款规模是贴现窗口的 5 倍。第二个创新是美联储与欧洲央行以及其他国家央行建立的货币互换额度，这样它们就可以转而向本国的私人银行提供美元贷款。[之所以称为互换，是因为美联储用美元换取外币，以及外国中央银行（政府机构）的还款保证。] 由于美元实际上是全球货币，让外国央行能够获得美元是稳定全球市场的重要一步。一年后，美联储将有超过 5 000 亿美元的未偿付互换量，这使其被奉为全球的最后贷款人。

拍卖贷款和货币互换确实帮助缓解了美国金融体系的流动性紧缩问题，但一些潜在的条件正在恶化，信贷引擎的崩溃开始损害更为广泛的经济领域，加剧了房地产泡沫破灭所带来的压力。保尔森在 12 月曾警告白宫，美国经济正在碰壁。（美国国家经济研究局作为商业周期的官方认定者，后来判定衰退是从 12 月开始的。）华尔街内部恐惧和抛售的反馈回路正在促成华尔街与普通民众之间信贷收缩和业务收缩的反馈回路。不断恶化的金融状况正在造成更为糟糕的经济状况，而这反过来又加速了次贷危机和金融恐慌。最终，如果不稳定经济，我们就无法稳定金融体系，反之亦然。所以要把火扑灭，我们必须同时做这两件事。

2007 年美联储通过将短期利率从 5.25% 下调至 4.25%，为经济体进行了小幅的货币刺激，但收效甚微。伯南克以一种恭顺的、基于共识的方式来领导美联储，并试图让美联储形成一个声音。美联储已经落后于危机蔓延的节奏，2008 年伯南克不顾联邦公开市场委员会中对通货膨胀持否定意见的鹰派的反对，更加大胆地推行货币刺激政策。美联储在 3 月将利率下调至 2.25%，以期为低迷的经济提供动力。在整个危机爆发期间，美联储比任何其他央行都更快地降息，而且在事后看来美联储或许应该更快地降息。然而，在银行体系和大众都已经过度杠杆化以及恐慌状况正在使信贷受阻的情况下，货币政策只能在危机中发挥这么大的作用。

与此同时，保尔森在 2008 年 1 月领导白宫推行了一项带有凯恩斯主义色彩的财政刺激计划，这将为一揽子临时减税计划提供支持，该计划有助于抵消私人需求萎缩的影响。保尔森与众议院议长南希·佩洛西、众议院少数党领袖约翰·博纳经过谈判达成了一项两党协议，该协议内容正如布什总统所提出的那样，包括 1 500 亿美元减税额度，但没有新增加的政府支出。该妥协方案直接将大部分减税措施指向了工薪家庭，包括为不缴纳所得税的低收入家庭提供税收抵免，但是需要按照民主党希望的方式缴纳其他联邦税。这项协议在国会顺利获批，布什总统在当年 2 月中旬签署了这项协议，第一批福利将在 4 月发出。这是对经济放缓所做出的温和回应，虽然仅占 GDP（国内生产总值）的 1%，但却是国会有史以来批准得最迅速的款项。这也证明了立法程序仍然可以发挥作用，同时给了保尔森一个机会，让他有机会在国会山建立关系，这将在日后派上用场。

尽管如此，危机仍在蔓延。那些预感到危机的公司包括所谓的单一险种保险公司，它们已将市政债券保险的传统业务扩大到为次级抵押贷款证券和担保债务凭证提供收费担保。单一险种的损失导致投资者开始怀疑他们承保的其他证券，包括市政债券。美联储在帮助所有遇到抵押贷款风险的公司时遇到了巨大的压力。伯南克甚至听取了桑恩伯格抵押贷款公司负责人拉里·戈德斯通的建议，他希望美联储在回购贷款人拒绝接受他的抵押品后行使向其提供紧急贷款的《联邦储备法》第 13（3）条权利。

美联储最后还是拒绝了这些要求，但伯南克和盖特纳正在积极探索减轻金融体系其他部门压力的新方法，这些措施将不限于仅仅向银行发放贷款。2008 年 3 月，美联储推出了定期证券借贷工具，这项创新计划最终将向非银行机构提供流动性，允许非银行机构（包括五大投行）用流动性较低的抵押品换取流动性较高的抵押品。定期证券借贷工具需要美联储自1936年以来首次动用《联邦储备法》第13（3）条的紧急贷款权利，伯南克告诉美联储董事会，解决影子银行体系的现金危机至关重要："这是不同寻常的，但市场状况也确实如此。"美联储于3月10日批准了这一计划，但是要在两周半以后才能准备好。

到那时，市场状况将会更加不同寻常。

第三章

蔓延的大火：

2008 年 3 月—2008 年 9 月

保尔森查看了布什总统计划在 2008 年 3 月中旬发表的经济讲话草稿，他非常喜欢这份讲稿，认为这份讲稿有助于让全美民众相信政府结束危机的决心。他也实打实地提出了一个建议——不能透露“不会有紧急救助”。这让总统大吃一惊。

总统问道：“我们不打算救助，是这样吗？”

保尔森并不想，同时也希望没有必要去展开救助，但是金融市场的动荡却一天比一天严重。

保尔森说：“总统先生，事实是整个金融体系如此脆弱，以至于我们都不知道如果一家金融机构将要倒闭，我们必须去做些什么。”

事实上，一家关键的金融机构已经濒临破产，贝尔斯登是一家拥有 85 年历史的投资银行，拥有 4 000 亿美元资产。与美国国家金融服务公司一样，它现在也面临信心危机，部分原因在于其抵押贷款的风险敞口。债权人已经停止对其商业票据进行展期，回购贷款机构向其要求更多的抵押品，对冲基金也关闭了在该公司的经纪账户。美联储和财政部都没有对贝尔斯登进行监管，它的管理者美国证券交易委员会是一家专注于保护投资者的执法机构，而没有对安全和稳定性进行监管。贝尔斯登与金融体系密不可分，以至于它的倒闭有可能将整个体系撕裂开来。我们不能仅仅因为它处于监管范围之外，就忽视其威胁。2008 年 3 月 14 日，贝尔斯登的倒闭标志了这场危机的转折点，这将金融体系暴露在最大的危险之中，美国的危机应急体系也被置于大萧条以来最严峻的考验之下。美联储破釜沉舟，决心施加干预以防止这家非银行机构崩溃，对贝尔斯登的救助确实帮助避免了类似雷曼兄弟破产后的那一系列金融违约和经济痛苦的连锁反应，而且为我们赢得了 6 个月的相对平静期。但即使在当时，这也不是特别令人欣慰。如果不是摩根大通愿意收购贝尔斯登，并为其绝大部分债务提供担保，我们就无法阻止一场混乱的失败。我们知道贝尔斯登并不是唯一一家处于挤兑风险的过度杠杆化且卷入程度很深的非银行机构。金融危机爆发 7 个月以来，贝尔斯登的戏剧性事件让人们清醒地认识到金融体系的脆弱、我们有限的应对能力，以及在不久的将来发生灾难的可能性。

贝尔斯登：紧密关联而不倒

不受资本要求和其他限制商业银行的规则约束，贝尔斯登在繁荣时期一直积极使用杠杆，并连续 5 年实现创纪录盈利。2008 年 3 月 10 日，一场冲着贝尔斯登的挤兑已经开始，很难想象这场挤兑如何能自行停止。毕竟一家丧失客户信任或市场信任的投资银行，可以说是什么都没有了。从市场的角度来看，贝尔斯登基本上只是一系列脆弱的业务和高风险资产的集合体。交易业务依赖于信任，一旦人们开始对贝尔斯登一定会履行其义务产生怀疑，他们就会争先恐后地把业务转移到别处，这使得贝尔斯登更不值得信任。

贝尔斯登是美国排名第十七大的金融机构，原是 5 家独立投资银行中规模最小的一家。它的规模是美国国家金融服务公司的 2 倍，而且它与金融体系的联系更加紧密，拥有 5 000 个交易对手方和 75 万个开放式衍生品合约。它与银行、经纪公司、对冲基金、养老基金、政府和企业都有业务往来。其交易对手争相减少自己对贝尔斯登的风险敞口，同时试图推断出还有谁可能对贝尔斯登有风险敞口。金融体系已经经历了长达 7 个月缓慢痛苦的煎熬，一想到贝尔斯登可能因为违约（廉价出售抵押品、疯狂解除衍生品交易，使得回购市场崩溃）而走向失控的可能性，就令人感到不安，排名倒数第二的投资银行雷曼兄弟可能遭遇挤兑，抵押贷款巨头房利美和房地美甚至可能倒闭。到 2008 年 3 月 13 日星期四的晚上，贝尔斯登已经完蛋了，它的现金储备在 4 天内从 180 亿美元减少到 20 亿美元，并计划在第二天早上申请破产。

起初，我们认为我们无法阻止其破产。联邦存款保险公司有权在接纳破产银行债务的同时，有序地将其清盘，但联邦政府没有针对非银行机构的有序解决机制，无法避免违约的混乱局面。我们认为，美联储的反应将仅限于向市场注入更多流动性，以遏制不可避免的崩盘所造成的损害，这就是盖特纳所说的“飞机跑道上的泡沫”，可以防止在贝尔斯登倒闭后危机继续蔓延。

白芝浩的央行贷款工具包在防止一家疲软机构遭遇挤兑上的作用是有限的，政府的其他应急部门也没有人们想象中那么多。在没有国会授权的情况下，财政部做不了多少事，而美联储的权力主要局限于根据可靠的抵押品发放贷款，美联储和财政部都没有权力通过开展债务担保、注入资本或购买非流动性资产来阻止银行挤兑。定期证券借贷工具还没有到位，美联储也没有一个固定的工具贷款给像贝尔斯登这样的投资银行。《联邦储备法》第13（3）条确实存在，它可以在“不寻常和紧急的情况下”为非银行机构提供资金。但是第13（3）条并不是一根魔法棒，它并不能使一家资不抵债的公司生存下来，或者使一个没落的品牌有销路，又或者使有问题的资产重获价值。

恐慌之中，我们很难判断一家陷入困境的公司是否真的资不抵债。市场也并不总是正确或理性的，在恐慌的螺旋式上升中，一旦信心恢复，没有人想要的证券总是有可能变得可靠。这个时候政府贷款和流动资产可以帮助一家从根本上可存活的公司偿还债务并避免被弱者拖垮。贝尔斯登的下跌速度、幅度比同类公司都要快得多、大得多，这表明它的疲软是真实的、极端的。无论如何，美联储没有看到贝尔斯登的账目，也没有理由断定在这场被误导的挤兑中它其实是有偿债能力的受害者。美国证券交易委员会确实有权接触贝尔斯登的账目，但似乎也不相信这一点。根据我们所了解的情况，我们不相信一笔针对贝尔斯登不断贬值的资产和业务的贷款能够成功拯救这家公司。通过加速放贷，我们担心美联储只能帮助少数尚未退出的短期债权人未来成功退出融资，而无法阻止贝尔斯登的最终崩溃以及由此引发的混乱。

2008 年 3 月 14 日凌晨，纽约联邦储备银行的工作人员提出了一个权宜之计，启用了《联邦储备法》第 13（3）条，并使贝尔斯登维持到了那周周末。美联储向其清算银行摩根大通提供一笔贷款，然后摩根大通将这笔贷款转给贝尔斯登，贝尔斯登再用回购贷款机构不再接受作为抵押品的资产为贷款提供担保。基本上，美联储充当了贝尔斯登的一日回购贷款人。我们的许多同事对这个举动感到不安，这似乎表明我们可以为一家濒临倒闭的非银行机构的债务提供担保，但我们一致认为，这至少会给我们一个周末的时间来寻找除了灾难之外的另一种选择。保尔森在告知总统时诙谐地说道："您可以在演讲中去掉'不会有紧急救助'这句话。"

因为我们认为，美联储不能为贝尔斯登疲软的抵押品提供足够的贷款来拯救作为一个独立实体的它，所以我们仍然需要为贝尔斯登找到一个买家，以防止其在星期一市场开盘时解体。摩根大通很快成为唯一有信誉促成这笔交易的潜在救助者，其首席执行官杰米·戴蒙坚称，只有美联储承担贝尔斯登抵押贷款资产的部分风险，他才愿意达成这笔交易。因此，在星期日晚间，美联储再次援引第 13（3）条，对美联储的抵押品放贷权力进行了另一种创造性的解释。

摩根大通同意以每股 2 美元的价格收购贝尔斯登，戴蒙随后将出价提高至每股 10 美元，这可以确保贝尔斯登的股东不会破坏并购计划，也使整个系统不再重新陷入混乱。这一点至关重要，因为摩根大通也同意在等待与贝尔斯登完成交易的同时，承担为贝尔斯登的账面资产提供担保的风险，而美联储并没有权力提供这种可以解除恐慌的后盾。但美联储将向一个名为“少女巷公司”（Maiden Lane）的新机构提供 300 亿美元的贷款。该公司将从摩根大通收购贝尔斯登价值 300 亿美元的股票。根据第 13（3）条的规定，美联储只有在发放贷款的储备银行“得到满意的保证”的情况下才能发放贷款，而这是一个相当模糊的标准。投资公司贝莱德的一个团队分析了摩根大通希望保留的资产，并告诉我们在几年内分文不少地还清这些贷款是有合理机会的。伯南克和盖特纳提出，如果财政部为美联储的任何潜在损失提供补偿，美联储就会对此感到满意，保尔森欣然接纳了这个要求。

但后来财政部的律师告诉保尔森，财政部无法为美联储提供补偿，我们了解到财政部在危机中拥有的权力是多么渺小。因此，盖特纳要求保尔森写一封信来支持美联储的贷款，并在信中指出，如果贷款出现亏损，美联储将减少对财政部的利润贡献。保尔森称这封信是他的真金白银之作，尽管这在法律上并没有多大意义——美联储通常会将其运营成本以外的所有收益都交给财政部——但它确实将财政部和行政部门牵连到美联储的重大决定中。我们想让所有人知道——我们是团结在一起的。

与此同时，美联储再次启用第 13（3）条来启动更多针对投资银行的激进贷款计划，称为“一级交易商信贷工具”，它将接受比定期证券借贷工具范围更大的抵押品，包括风险更高的资产。我们希望对于贝尔斯登的干预能够帮助稳定市场，但我们还知道，雷曼兄弟的问题与贝尔斯登的类似，美林、摩根士丹利，甚至高盛可能都需要更加容易地进入紧急安全网之中。

美联储对贝尔斯登的干预确实让市场平静了下来，但它也为应对危机的政治策略提供了一剂猛药。许多政界人士和专家指责我们对资本主义达尔文式的节奏反应过度，他们还辩称一家投资银行的倒闭对于经济的影响将是有限的——这一观点将在 6 个月后雷曼兄弟倒闭时被证明是错误的。自由派和保守派都指责我们浪费纳税人的钱去救助那些不称职的银行家，道德风险纯粹主义者警告称，我们正在鼓励过度冒险，肯塔基州的共和党参议员吉姆·邦宁则谴责我们是社会主义者。就连美联储前主席保罗·沃尔克也表示，美联储的行动“延伸到了其合法和隐含权力的边缘”，这个评价是比较准确的，我们一直都小心翼翼以避免越过这一边缘，但这句话听起来并不像是恭维之辞。我们意识到了我们所面临的双重挑战，需要找出正确的做法，并解释为什么这是正确的。

有一件事我们很难解释，那就是在这次救助贝尔斯登的行动中到底是谁获救了。这次干预确实确保了贝尔斯登的债权人和交易对手得到全额偿付，因此他们将停止挤兑，这样一来，处于同样处境的公司的债权人和交易对手也就不会进行挤兑了。在危机期间，任何增加偿还债权人不确定性的事情都可能释放恐慌的信号。但贝尔斯登并没有得到救助，该公司本身已不复存在。贝尔斯登的高管们则丢掉了工作和个人的大部分财富。贝尔斯登的股东确实得到了比公司破产、价值为零美元时更多的钱，但是与公司在 2007 年初的顶峰时期相比减少了 95%。所有的干预都会产生一些道德风险，但很难看出贝尔斯登的命运会如何鼓励其他公司效仿其鲁莽的做法。当然，雷曼兄弟最终的倒闭将证明市场对政府再次出手实施救助并没有信心。

无论如何，我们没有浪费纳税人的钱，贝尔斯登的贷款最终得到了偿付，并为政府产生了 25 亿美元的回报。这笔贷款的发放并不是为了赚钱，而是为了防止一家具有系统重要性的公司陷入混乱的崩溃，以及随之而来产生不可避免的经济损失。在还没有稳定房利美和房地美的时候，我们一想到贝尔斯登的失败可能会引发的连锁反应就觉得十分害怕，而这两家公司正在支撑着美国抵押贷款市场的剩余部分。当美国国家金融服务公司陷入困境时，什么都不做仍然是一种选择，但贝尔斯登因其所牵扯的方面实在太重大而不能倒下。经历了七个月的金融风暴之后的金融体系实在是太脆弱了，以至于我们无法面对它的失败。

在救助贝尔斯登之后，我们并没有获得胜利的感觉，我们也觉得心里并不舒服。这一事件表明，人们对那些依赖过多短期资金的杠杆率高、监管松散的非银行机构的信心可能会瞬间消失。贝尔斯登并不是唯一在监管不足的情况下借得过多、期限过短的金融机构，也不是唯一投资过多不完备抵押贷款和结构性信贷产品的金融机构，而这些产品已经没有人再信任了。保尔森非常担心房利美和房地美这两家公司，以至于在关乎贝尔斯登命运的那个令人发狂的星期天，他抽出时间与它们的首席执行官和监管者召开电话会议，并借用贝尔斯登的例子向两家公司施压，要求它们筹集更多资本。市场上对于雷曼兄弟将是“下一个倒闭者”的猜疑也越来越多，这对一家金融公司来说可能是一个自我实现的预言。雷曼兄弟的规模比贝尔斯登大75%，它拥有更多的房地产风险敞口、更大规模的衍生品协议以及 2 000 亿美元的回购融资，从很多方面来看，似乎是一个更加诱人的挤兑目标。

事实上，贝尔斯登的整个商业模式现在都受到了怀疑。在贝尔斯登事件之后，保尔森不得不说服几位欧洲财政部长去敦促他们的银行不要停止与幸存下来的四家美国投资银行中的任何一家打交道。美联储现在向投资银行提供了贷款，它终于获得了核查这些银行账目的权力。但是结果并不令人放心，美联储通过压力测试发现，雷曼兄弟、美林、摩根士丹利和高盛的批发融资都容易受到挤兑，雷曼兄弟需要 840 亿美元的额外流动性，才能在类似熊市的情况下存活下来。我们敦促这四家公司降低杠杆率，寻找更长期的资金来源，筹集更多资本，但投资银行在当时看来并不是一项诱人的投资。

我们在非常恶劣的环境中通力配合，为贝尔斯登设计出了一个解决方案，当然我们也很幸运。如果摩根大通不愿意为贝尔斯登的账面资产提供担保，并吸收贝尔斯登的大部分资产，那么整个金融体系很可能在当年3月就崩溃了。沃尔克是正确的，美联储已经突破了其权力的极限，而这个特别的救助则暴露了其权力所面临的不足。美联储仍然没有办法向一个陷入困境的公司注入资金，也不能购买其资产或者为其负债进行担保，这意味着它无法阻止全面的挤兑。如果该公司是一家非银行机构，那么美联储甚至没有办法安全地关闭它以避免违约。美联储对摩根大通收购贝尔斯登的支持，以及美联储为投资银行提供新的一级交易商信贷工具推动人们产生了这样的预期——我们有意愿，也有能力去防止其他投资银行的倒闭。但事实上，政府这样做的能力是有限的。

贝尔斯登事件过后不久，伯南克和保尔森去拜访巴尼·弗兰克——众议院金融服务委员会的民主党主席，向他解释雷曼兄弟可能面临类似的情况，因此我们需要紧急决议授权，以防止在找不到摩根大通这样的买家时导致投资银行无序倒闭。巴尼解释说，除非我们能够极力渲染外界对于雷曼兄弟的担忧，并说服国会相信雷曼兄弟的倒闭将对美国造成毁灭性的打击，否则在11月大选之前，这件事从政治上看是不可行的。我们知道他的话在政治上是正确的——任何增加危机管理者权威的立法都将被当作救助法案而遭到猛烈抨击。我们也知道危言耸听最终可能会扰乱市场，这会导致我们试图避免的失败再次发生。我们将不得不使用有限的工具，直到越发严重的金融危机成为我们需要更多工具的充足理由。

我们觉得我们在用胶带和打包线与危机做斗争。市场在贝尔斯登事件过后稍微平静了一些，我们希望这种状态能保持一段时间。但正如盖特纳喜欢说的那样："希望并不能成为一种策略。"

房利美和房地美：发射的火箭筒

2008 年 7 月 11 日，美国一家银行发生了挤兑事件，不是像贝尔斯登那样带有比喻性质的挤兑，而是一家真实的机构遇到了真正的挤兑，就像《生活多美好》影片中所展示的那家机构一样。美国联邦存款保险公司接管了印地麦克银行——一家位于加州，以前隶属于美国国家金融服务公司的储蓄银行，这家机构在房地产领域的做法同样鲁莽，惊慌失措的储户在这家机构门外排起了长队，纷纷要求要回自己的存款。联邦存款保险公司为这些存款提供了高达 10 万美元的担保，因此大多数人无须担心。但是美国自 20 世纪 80 年代储贷危机以来最大的银行倒闭事件所引发的恐慌景象却被引爆为全国性的新闻，在接下来的一个星期，忧心忡忡的储户每天从华盛顿互助银行提款的规模超过 10 亿美元，这家储蓄机构规模比印地麦克银行还要大，同样也面临着类似的抵押贷款风险敞口——恐慌是会传染的。

印地麦克遇到的挤兑是一个信号，表明危机又加深了一步，但这似乎并没有威胁到整个金融体系的核心。我们在那一周主要关注的是房利美和房地美，这两个获得政府资助的抵押贷款巨头的规模加起来是印地麦克的50多倍，是贝尔斯登的4倍多。它们持有或担保了价值超过5万亿美元的抵押贷款债务，也是美国抵押贷款融资的最后一个主要来源，支持着每四笔新增住房贷款中的三笔。这意味着它们的倒闭将使新的抵押贷款不再产生，并使已经遭受重创的房地产市场崩溃，这也意味着更多的普通民众将面对止赎权，华尔街对于抵押贷款证券的恐慌将进一步加剧。房利美和房地美无疑是能够对系统产生影响的机构，它们正在遭受重大损失。

还没有一个常设的授权机制能够让政府拯救房利美和房地美，保尔森必须说服国会进行立法，这将使我们对于危机的应对成为政治斗争的中心问题。最终我们将美国最重要的两家公司基本收归国有，这在正常时期可是令人难以想象的一种干预。又一次，我们的行为非常不受欢迎。我们相信这些行为避免了灾难性的违约，它们最终为纳税人带来了可观的利润，在帮助重振房地产市场方面，它们所做的贡献超过了其他任何政府或私人机构所做出的努力。尽管接管房利美和房地美是绝对必要的，这也消除了市场对这两家公司证券的恐慌，但是并没有消除人们对于整个金融体系的恐慌。如果说有什么不同的话，那就是它发出了一个令人意想不到的信号——金融体系比以往任何时候都更加脆弱。

房利美和房地美是奇特的混合体。它们运用联邦特许经营权来提升经济适用房的拥有率，但它们也是利润丰厚的私营公司，同时还主导着次级抵押贷款市场。这两家政府出资企业对华盛顿的两党都有很深的影响，它们利用了政府不会让它们在没有太多资本缓冲的情况下，以低于市场的利率大举借贷的前提假设。它们基本上是承载着道德风险的企业的化身，在享受冒险带来的好处的同时，还会欣慰地认为纳税人会为它们承担损失。正如一些批评人士所言，它们并没有引发危机。直到繁荣后期，它们购买以及所担保的抵押贷款的承销业务在整个行业来说都是相对保守的。它们确实在金融泡沫破裂前放松了标准，而且在一开始就为非常多的抵押贷款债务提供了担保，同时它们也帮助推动了外资大量涌入美国房地产市场，这为后续的危机埋下了伏笔。

像我们的前辈一样，我们三个人多年来都对房利美和房地美深感担忧，我们都支持对它们的商业模式进行全面改革，并对它们的冒险行为进行更为严格的监管。当保尔森在贝尔斯登事件最为激烈的那个周末打电话给两家公司的首席执行官时，他们都同意筹集更多的股本，但只有房利美筹集了一点资金，而且还远远不够。贝尔斯登倒闭后不久，保尔森带着这两家公司的首席执行官会见了参议院银行委员会主席克里斯托弗·多德和资深共和党人理查德·谢尔比，他们已经达成协议，试图在参议院启动已在众议院通过的改革法案，但是立法进程的速度并没有市场的反应速度那么快。在那个夏天，我们的首要任务是在两家政府资助的机构拖垮整个金融体系之前稳住它们。价值数万亿美元的证券在金融体系的血管中流淌着，我们担心这些证券会污染整个金融体系。它们的票据在全世界范围内都被认为是一项安全的投资，而现在，我们接到了来自主权财富基金和外国政府的心情紧张的官员们的电话，他们希望确保这两家机构的安全，其中一些人甚至没有意识到美国政府并没有从官方层面表示支持房利美和房地美。

所以保尔森决定请求国会授权稳定这两个抵押贷款巨头的局势，同时也需要明确一下华盛顿将支持这两家公司的长期隐含保证。与雷曼兄弟即将破产时一样，他担心仅仅要求获得特别权力就能从侧面证实当前的形势有多么严峻，这同时也会加剧恐慌。此外还有一个让人进退两难的相关规定：财政部为这些庞然大物提供可靠的后盾需要强大的金融权威性，然而这在政治上似乎是不现实的，同时所申请的救助资金倘若不足，还可能会让人对政府维持这些机构运营的承诺产生怀疑。但我们一致认为不能袖手旁观，也不能冒违约的风险。因此，保尔森没有提出一个具体的金额，而是要求拥有无限制（用他的委婉说法就是“未指明”）权力向房利美和房地美注资。他所提出的法案还包括他在危机前推动的一些改革措施，包括一个更为强大的监管机构，该机构有权迫使房利美和房地美接受破产管理。伯南克告诉保尔森，他将百分之百地支持财政部，就像保尔森在早些时候的救市行动中支持美联储一样。

保尔森和伯南克于 7 月 15 日在参议院委员会进行了听证，他们就拟提议立法的重要性形成了统一战线，该法案致力于保持抵押贷款的流动性，防止住房市场状况进一步恶化，并可以保护金融的核心领域。保尔森开出空白支票的要求遭到了质疑，但他解释说如果国会赋予他更多的权力，市场对房利美和房地美的担忧就会消散，他动用这种权力的可能性就会降低很多。他说："如果你想确保它被使用，那就把它做得足够小，这样它就会成为一个自我实现的预言。"如果你的口袋里有把水枪，你可能得把它拿出来。如果你有一个火箭筒，而人们知道你有，你可能就不需要把它拿出来。威慑论是有些道理的，但保尔森对压倒性火力的要求，揭示了人们对被恐慌撕裂的市场不太可能被忽视的担忧，他很快就知道他最后可能必须动用"火箭筒"了。

保尔森代表一位支持率仅为 30% 的即将卸任的总统提出了一个雄心勃勃的要求。参议员邦宁怒斥道，与之相比，那次救助贝尔斯登的行动就是"业余社会主义"。早在房利美和房地美局势失控之前，美国的房地产政策就已经举步维艰了，这使得华盛顿围绕如何应对止赎潮上升问题而展开的激烈辩论变得更加复杂。一些公众和大多数国会的共和党人反对动用房客和正在还贷的房主缴纳的税款为那些没有还房贷的房主提供救济。但另一些公众和大多数国会的民主党人同样强烈地认为，政府在帮助陷入困境的房主方面做得并不够。事实上，巴尼·弗兰克在涉及房利美和房地美的立法中加入的一项相当无关紧要的抵押贷款救助条款，在国会引起的争议甚至超过了保尔森所提出的财政“火箭筒”要求，以至于布什总统在立法通过后将放弃签署一项公共法案。

这项法案最后终于通过了。当然人际关系也很重要，保尔森与两党国会领袖已经建立了牢固的关系，他们中的大多数人也都同意把紧急情况置于政治考量之前。到7月底，民主党控制的国会批准了《住房和经济复苏法案》，并给予共和党政府非常大的权力，这证明在危机关头，华盛顿有能力勇敢地去开展行动，尽管可能不会早于这个关口采取行动。

新法案还让财政部和美联储有机会调查房利美和房地美的内幕信息，从而发现一些令人感到丑陋的意外。美联储和货币监理署的审查人员得出的结论是：这两家公司在技术上都已经资不抵债，同时薄弱的资本缓冲也主要是通过会计手段虚构的。保尔森及其财政部的团队很快就决定，唯一的解决办法是说服他们的新监管机构——美国联邦住房金融局迫使房利美和房地美接受政府接管，这基本上是在没有政府日常控制的情况下实现国有化。这是一个尴尬的局面，保尔森方才告诉国会，他不需要动用他的“火箭筒”，而联邦住房金融局方才告诉房利美和房地美，它们的资本缓冲是充足的。但它们实际上是不够的，保尔森的首要任务是避免崩溃，而不是保护这两家机构的一贯声誉。当保尔森得出最终需要动用“火箭筒”的结论时，布什总统支持他道：“这看起来似乎不妥，但我们必须做我们需要做的事情来救市。”

我们在危机期间所做的几乎每件事，都是秉持着这种不惜一切代价的态度来推动的。我们都认为这些非凡时刻证明了非凡的行动是正确的。8 月，保尔森聘请了两名高盛前同事和一家纽约律师事务所来为房利美和房地美工作。他还非常倚重美国联邦住房金融局，通过施加压力使该机构以他在危机前后从未想过的方式来改变其评估结果。保尔森甚至不确定他是否有合法权力让政府为房利美和房地美承保的 30 年期抵押贷款提供必要的长期担保，因为国会只授予了财政部临时的权力，而该权力将于 2009 年底到期。在摩根士丹利顾问的帮助下，财政部通过一些巧妙的金融工程工具创造了实际上的长期担保产品，但保尔森非常担心自己可能会超越国会的目标界限，因此他向总统和财政部的几位同事透露自己担心会遭到弹劾。最终，当保尔森发射他的“火箭筒”时，每个人都如此震惊，以至于没有人再就此事提出特别问题了。

2008 年 9 月 5 日，保尔森和伯南克给房利美和房地美的首席执行官带来了一个令人震惊的消息，政府正在夺取他们公司的控制权。他们将失去工作，他们的股东将失去几乎所有的股权，财政部将向每家公司注资 1 000 亿美元，以避免迫在眉睫的债务违约和它们担保的抵押贷款支持证券违约。这是大萧条以来，联邦政府对金融市场实施的最为激进的干预举措，对于房利美和房地美的挤兑很快平息下来，因为这两家公司和它们担保的抵押贷款现在得到了政府的支持。

但对于金融体系其他部分的挤兑则出现了强劲的势头。在房利美和房地美国有化一周后，发生了自危机开始以来最为惨烈的金融血战。我们曾希望展示出政府有意愿采取特殊行动来预防混乱的倒闭潮，从而使市场平静下来，这至少会为我们赢得时间为雷曼兄弟凑出一个解决方案。但是，我们的力量展示再一次没有达到我们所期望的效果，市场并没有松一口气，最终的结论是，政府非常担心以至于采取如此极端的措施，实际情况一定比看上去的更加糟糕。不确定性引发了恐慌，没有人能确定那些没有特定联邦特许经营权的陷入困境中的私营企业会发生什么。我们自己也不确定，尽管我们已经破釜沉舟，为的是避免更加危险的恐慌的蔓延，但几天之后，我们将迎来一个更大、更危险的难题。

第四章

火海：

2008 年 9 月—2008 年 10 月

大火燃烧了一年多才吞噬了雷曼兄弟，但许多美国人仍然相信金融危机始于雷曼兄弟的倒闭。它使之前发生的一切黯然失色，并似乎对随后发生的一切负有责任。但这更多的是一种症状，而不是导致金融系统脆弱的原因，房利美、房地美、美国国际集团和美林的规模都比雷曼兄弟大得多，而且它们几乎都在同一时间濒临倒闭。事实上，雷曼兄弟就是危机根源的例证。这是一家监管松散、杠杆率过高、关联紧密的非银行机构，它对房地产市场的风险敞口太大，而且有太多危险的、容易遭到挤兑的短期融资。雷曼兄弟的故事之所以与众不同，是因为它以一场灾难告终。它的灭亡是这场危机中最重要的时刻，也可能是我们理解最为浅薄之处。

雷曼兄弟是我们一年来一直试图阻止的那个噩梦，一家具有系统重要性的金融机构在恐慌期间就这样失控乃至倒闭了。由于我们六个月以前在类似的情况下拯救了贝尔斯登，我们刚刚在一周前拯救了房利美和房地美，两天后我们将继续拯救美国国际集团，许多观察家认为我们是故意放任雷曼兄弟破产的，也有不少人认可我们的做法。但我们没有故意放任雷曼兄弟破产，我们甚至没有讨论过是否试图拯救雷曼兄弟，就像我们对贝尔斯登和美国国际集团所做的那样。我们知道我们必须尽自己所能来阻止它的崩溃，但事实证明我们所做的一切都是不够的。

最终，雷曼兄弟没有像贝尔斯登遇到摩根士丹利那样找到有意愿并有能力承担其债务的买家，也没有国会授权政府支持雷曼兄弟，就像国会对待房利美和房地美那样。而且雷曼兄弟也没有足够的可靠抵押品，美联储可以借助这些抵押品向其提供贷款，让它在一种市场能够接受的结构中生存下去，就像美国国际集团对其保险业务所做的那样。我们在雷曼兄弟破产后发表的一些声明，加剧了人们对我们动机的困惑，当时我们不想因为承认无力拯救一家对整个系统至关重要的公司而扰乱整个市场。但在没有私人买家的情况下，我们没有切实可行的方案来拯救雷曼兄弟。在我们与贝尔斯登紧密沟通的六个月里，我们的心态没有改变，同时我们所受到的限制也没有改变。我们无法向雷曼兄弟注资，无法为其债务提供担保，无法购买其资产，也无法有条不紊地将其清盘，最终我们的噩梦变成了现实。

雷曼兄弟：身处水深火热之中

这个噩梦般的场景最后帮助我们说服国会授予我们所需要的权力，最终使我们能够扑灭这场大火。但我们希望能够在一开始就避免这种情况，雷曼兄弟倒闭及其带来的痛苦后果不仅会波及它的股东和高管层（保尔森的弟弟、公司高级副总裁迪克·保尔森就在其中），甚至会波及金融系统中雷曼兄弟的交易对手和债权人。全球经济体都会感觉到雷曼兄弟走上了一条熟悉的危险之路，它把自己的专营权押在了次级抵押贷款证券、商业房地产和其他高杠杆投资上，这些投资在破产前利润非常丰厚。随着雷曼兄弟的亏损不断攀升，卖空者开始押注其倒闭，保尔森和盖特纳向其首席执行官迪克·富尔德施加压力，要求他在市场对公司完全丧失信心之前找到买家，但他愿意向潜在投资者提供的条款表明他还是缺乏紧迫感，市场对一家过度扩张的投资银行也没有多大兴趣，尤其是富尔德那个时候仍在玩弄欲擒故纵的招数。

2008 年 9 月 10 日星期三，富尔德预先公布了难看的第三季度亏损状况，他宣布了一项计划，将雷曼兄弟的“有毒”资产拆分成一家独立的公司，以减轻其负面影响。但这似乎只是证实了他想要剥离资产的危害性，贝尔斯登残局正在重演，贷款人要求更多的抵押品，对冲基金关闭经纪账户，评级机构威胁下调评级。市场已经闻到了“僵尸”的气味，我们非常担心可能发生的后果，雷曼兄弟拥有逾 10 万名债权人、逾 90 万份未平仓衍生品合约，以及逾两倍于贝尔斯登的短期借款，它不会平静地倒下。

如果雷曼兄弟是一家商业银行，联邦存款保险公司就可以接管它，为其债务提供担保，并对其进行清算以避免一场混乱的破产。但政府中没有人有能力为非银行机构这样做，所以雷曼兄弟需要一个买家，就像贝尔斯登需要一个买家一样。美国银行同意看一看，但这听起来又并不是很认真的态度。总部位于英国的巴克莱银行表达了更为真诚的兴趣，但富尔德仍然认为他可以挑选有意向者。他对与巴克莱银行的契合性持怀疑态度，英国监管机构表示了同样的担忧，这些担忧最终将造成严重的后果。与此同时，市场对其他几家美国大公司的信心也在迅速下滑。

我们决定在 9 月 12 日星期五晚上把华尔街的首席执行官们召集到纽约联邦储备银行，试图形成一个私营部门的解决方案——也许就像贝尔斯登协议那样，让华尔街的公司代替美联储来承担风险，或者与美联储一道，帮助另一家规模更大、实力更强的公司收购雷曼兄弟，就像 1998 年纽约联邦储备银行那样，鼓励长期资本管理公司的 14 个对手方联合起来直接收购该公司并清算其资产。这一次，华尔街有更充分的理由出力以避免崩盘。美林似乎将成为继雷曼兄弟之后倒下的下一块多米诺骨牌，接下来将是摩根士丹利，即使是拥有最强大的资产负债表和最充足流动准备基金的投资银行高盛，也无法在其商业模式所面临的全部挤兑中生存下来。

我们对于是否会出现可行的方案并不持乐观态度。雷曼兄弟的规模比长期资本管理公司倒闭时要大得多，其资产也更加不稳定。其他需要现金救助的公司与 1998 年时相比更加脆弱，它们也没有多少资本可以用来防止竞争对手的崩溃。它们不得不担心自己对于金融冲击的适应能力，因为没有理由认为这次冲击会很快结束。大型保险公司美国国际集团为自己的许多证券提供了违约担保，但在那一周，该公司市值已跌去一半，并被追加保证金的通知所困扰。纽约联邦储备银行的一封内部电子邮件警告称，当雷曼兄弟陷入困境的时候，华尔街对美国国际集团也同样感到紧张：“我听到的情况比雷曼兄弟还要糟糕，每家银行和交易商都对它们有风险敞口。”如果房利美和房地美也崩溃了，一想到这种情况会造成多么严重的灾难，我就不寒而栗，即使在它们已经国有化并稳定下来之后，情况仍然相当糟糕。

与此同时，两派政党对于华尔街救市计划的愤怒日益增长，华盛顿越来越像一口大锅，充斥着人们要烧死纵火犯的激烈情绪。整个经济体还没有感受到越来越多恐慌的全面影响，美联储甚至都没有降息，华尔街的困境慢慢传到了普通民众身上，当下已经出现了极度紧张的迹象——汽车销量大幅下滑，裁员规模大幅增加。可以理解的是，美国人对政府为拯救那些应该对危机负责的银行家所做的非凡努力感到愤怒和困惑。与此同时，《金融时报》和《华尔街日报》以及非金融媒体都在恳求我们停止对这些倒闭机构进行奖励性救助。

当雷曼兄弟进入最后阶段时，保尔森和他的团队放出话来，纳税人不会为雷曼兄弟的交易买单。这是一种谈判策略，而不是一种政策决定。他试图鼓励私营部门尽可能多地承担雷曼兄弟的不良资产，这样可以增加贝尔斯登式救援行动成为可能的可行性。但这是危机期间少数几个意见不一致的时刻之一，盖特纳认为告诉私营部门这是它们自己的责任会加剧挤兑，他担心如果美联储真的有机会用贝尔斯登式的贷款帮助买家，那么“没有政府资金”的声明将会对我们的信誉有所损害。

保尔森说，如果有机会拯救雷曼兄弟，他会乐意改变立场。我们都知道，如果政府需要承担一些风险才能让雷曼兄弟通过类似收购贝尔斯登那样的交易被售出，即使我们不喜欢这样做，我们也会这样去做，因为就金融和经济的稳定而言，雷曼兄弟破产的代价将远远高于对于雷曼兄弟的救助。我们决心避免主要机构的破坏性倒闭，直到我们能够围绕金融体系的核心划定一个保护圈，只是那时我们还没有能力建立这样的防火墙。我们的分歧在于谈判和信息的策略，而不在于我们最终的决心，也就是尽我们所能防止具有系统性影响的公司发生有损稳定的崩溃。

最后，到星期五收盘时，雷曼兄弟所持现金已跌至20亿美元，这就如同贝尔斯登的最后一天一样。在纽约联邦储备银行，盖特纳和保尔森警告华尔街几个大公司的领导人，雷曼兄弟的违约对他们所有人来说都将是灾难性的，所以他们需要携手来防止这种情况发生。

整个周末，纽约联邦储备银行内挤满了银行家、律师、会计师和监管机构人员，大家都争分夺秒地工作以挽救崩溃中的雷曼兄弟。一个团队与潜在的雷曼收购者会面，以确定他们希望留下的不良资产，而另一个团队则与华尔街的银行财团一起工作，以鼓励他们接受部分或全部的现存不良资产。所有看过雷曼兄弟财务账目的人都感到无比震惊，美国银行告诉我们，除非它能留下 700 亿美元的不良资产，否则不会考虑这笔交易，巴克莱银行则表示不会接受 520 亿美元的价格。华尔街的公司高管们分析雷曼兄弟的房地产投资组合后得出结论：它的实际价值只有其对外宣称的一半左右。金融行业本身有动机夸大问题以此鼓励政府对其进行帮助，但雷曼兄弟显然有一个巨大的资本窟窿，要完成任何交易都必须先把这个窟窿填补好，而这是美联储对贝尔斯登所承担风险的 10 倍之多。

对于一个私营企业财团来说，这是一个令人生畏的巨大窟窿。而实力较强的公司的首席执行官们则有一个合理性的担忧，如果市场认为他们现在有责任去挽救失败的竞争对手，那么市场就会惩罚他们。如果星期一需要另一个财团来拯救美国国际集团，那又会发生什么呢？美国国际集团拥有数千万的人寿保险客户和价值数百亿美元的退休金资产。星期六上午，美国国际集团提醒美联储可能需要 300 亿美元的过桥贷款，但到了这天晚上，这一要求已飙升至 600 亿美元。

尽管如此，那个星期六晚上的消息也并不全是坏消息，美国银行正在制订一项在没有政府或行业援助的情况下收购美林的交易计划，这就有助于解释为什么其高管对于收购雷曼兄弟表现出如此低的兴趣。令我们感到宽慰的是，一个潜在的威胁被化解了，尽管这意味着雷曼兄弟只剩下一个潜在的买家。当晚结束的时候，巴克莱银行和雷曼兄弟的合并看起来像是具有极高的可能性了。华尔街的首席执行官们原则上同意承担雷曼兄弟大量不良资产所带来的风险，以帮助巴克莱兄弟收购该公司，并避免灾难性的违约。但仍有一些问题没有得到解答，我们怀疑美联储在最后一刻的援助可能是达成协议所需的必要条件。巴克莱银行首席执行官鲍勃·戴蒙德也提出了一个令人头疼的问题：英国法律要求在合并最终敲定前得到股东的投票表决，他也不确定自己的公司能否在交易完成前为雷曼兄弟的债务提供担保。这显然又是个难题，但感觉又不像，因为它并未严重到如果破坏交易就会引发世界末日大战的地步。我们认为，如果其他问题能够得到解决，我们就将与英国人一起解决这些问题。

我们的估计错了。星期日上午，英国监管机构否决了这笔交易。英国最高金融监管机构负责人卡勒姆·麦卡锡告诉盖特纳，他不确定巴克莱是否有足够的资本来承担雷曼兄弟的风险，也不确定巴克莱是否有足够的能力为雷曼兄弟的不良资产提供担保。他说巴克莱无论如何都不会被允许为雷曼兄弟的债务提供担保，直到雷曼兄弟的股东批准了一项他自己并不愿意批准的合并，而股东投票可能需要数周甚至数月的时间来安排。盖特纳告诉他，市场需要立即决定雷曼兄弟的命运，因此在全球金融稳定岌岌可危之际，推迟交易无异于扼杀它，而麦卡锡的回答却是："祝你好运"。

保尔森最后打了一通电话要求英国财政大臣阿利斯泰尔·达林放弃股东投票的要求，这样巴克莱就可以立即给予雷曼兄弟有力的支持。但达林明确表示他无意提供帮助，因为他不希望英国纳税人为雷曼兄弟的问题买单。正如保尔森向盖特纳报告的那样："他不想接手我们的癌症患者。"巴克莱的交易宣告失败了，我们对英国监管机构拒绝帮助阻止金融灾难的举动感到失望，但它们也有一些合理的关切，它们的银行体系占经济体的比例是我们的四倍，其银行体系同样也是十分脆弱的。如果合并后的公司最终需要政府的救助，那么将雷曼兄弟的病毒引入巴克莱可能会让它们的纳税人遭受严重的损失。英国人并不特别担心巴克莱最终会像那句谚语所说的那样："帮助醉汉从沟里爬出来，但最后自己却掉进了沟里。"

尽管这看起来似乎不可思议，但我们别无选择。我们并没有权力自行填补雷曼的资本缺口或为其债务提供担保，我们所拥有的只有美联储以可靠抵押品提供贷款的权力。美联储确实在一定程度上对何为可接受的抵押品拥有自由裁量权，但政府和金融界中一些具有最敏锐大脑的人士刚刚审查了雷曼兄弟的资产，他们的结论与市场的结论同样残酷。雷曼兄弟似乎已经严重资不抵债了，2013 年的一项研究得出结论，其资本缺口可能高达 2 000 亿美元。虽然美联储会像收购贝尔斯登那样为其提供资金帮助，但美联储无法在挤兑中拯救一家资不抵债的公司。除了雷曼的资产负债表出现巨额亏损外，市场对其业务实力、品牌和管理的信心也严重受损。我们几个月以来掌握的证据表明，它无法筹集资本金、出售资产或以接近其既定价值的方式来为房地产投资组合融资。我们愿意在极端情况下承担风险，但美联储的工具仅限于依靠抵押品发放贷款，而这无法帮助雷曼兄弟生存下来。

即使美联储已经认为雷曼兄弟的价值证明向其大规模放款是合理的，当然这与现有的证据是相反的，但随着雷曼兄弟的业务出现不可逆转的持续萎缩，向已经出现严重挤兑的雷曼兄弟放贷，只会让它的一部分剩余债权人和交易对手有机会以纳税人买单为代价全身而退。如果不能平息恐慌，这种无处可用的过桥贷款就会给政府带来巨大损失，而这种反弹可能会削弱我们下次在大型金融机构需要救助时采取行动的能力。事实证明，下一次开展救助的时间就在星期二。最后贷款人可以帮助有生存能力的公司降低因为暂时的流动性问题而倒闭的风险，但是不能让根本没有生存能力的公司存活下去。如果市场认为一家公司已处于无可挽救的资不抵债的状态，那么即使是有担保的贷款，也无法阻止挤兑，同时无法挽回流失的客户和交易对手。

2008 年 9 月 15 日星期一凌晨 1 点 45 分，雷曼兄弟申请破产，这是美国历史上企业规模最大的破产申请。美联储通过如同在飞机跑道上喷洒消防泡沫的方式来阻止雷曼兄弟的破产，它愿意接受几乎任何形式的抵押品以向银行和投资银行放贷。但无论如何，这次破产是具有毁灭性的。

由于市场对投资银行的业务模式失去了信心，摩根士丹利和高盛的证券保险成本在星期一翻了一番。这种趋势还蔓延到了商业银行领域，花旗的信用违约互换飙升，这反映出市场越来越担心的情况，即使是“大到不能倒”的银行也可能倒闭，受到惊吓的储户从华盛顿互助银行取出的资金是印地麦克银行受挤兑后取出资金的两倍。就连工业巨头通用电气也难以将其商业票据展期，这个非常令人不安的迹象表明，金融病毒已经传染到了更为广阔的经济领域。世界各地的银行、企业和家庭都退回到了防御性的外壳之中，养老基金和退休基金大幅贬值，止赎权与企业裁员都进入恶性循环，金融恐慌进一步加剧。从美国货币市场基金借款的外国银行和美国本土银行都失去了获得美元的渠道，新兴市场也被剥夺了金融供氧。美联储大幅扩大了货币互换的额度以向外国央行提供美元，并在史无前例的流动性紧缩期间，为美国及海外市场提供了前所未有的流动性，但美联储的短期贷款本身还无法解决全球信心危机问题。

雷曼兄弟破产后，《纽约时报》《华尔街日报》和其他有影响力的报纸的社论都很高兴，因为我们抵制住了用公共资金来救助一家破产企业的诱惑。曾经有一个短暂时刻，那些将我们贬讽为“救助之王”的批评人士为我们对自由市场纪律的守诺而欢呼，我们也愿意为华尔街上一课，让那些不负责任的投机者必须为自己的罪行付出代价。但这种赞美是被误导的，正如那些散布的批评指责我们是让雷曼兄弟倒闭的傻瓜一样，如果有可能我们是会拯救雷曼兄弟的。确如媒体所言，保尔森在雷曼兄弟破产之前就曾暗示过政府不会提供救助，但那是一种策略，其目的在于向私营机构施压，以推动它们参与到美联储和财政部无法独自实施的救助行动中来。在雷曼兄弟倒闭后的几天里，保尔森和伯南克还在国会做证时指出，市场有时间为雷曼兄弟的破产做准备，这给一些批评人士留下了一种印象，我们原本预计造成的损害并不很大。但我们内部已经达成共识，我们至少在当前需要淡化我们无力拯救雷曼兄弟的现实，因为我们担心承认这个事实会让市场恐慌并会加速挤兑。在恐慌期间，公共交流既至关重要，又极其困难，我们也试图在直言不讳和令人放心之间找到一种平衡。我们确实助长了失败的神话，以避免公开承认我们已经没有弹药了，但实际上，我们只是没有能力阻止这些倒闭发生。

雷曼兄弟的倒闭明显加速了这场危机，但一年多以来，金融体系中一场不那么疯狂、不那么明显的挤兑已经形成。用经济学家爱德华·拉齐尔创立的一个类比来说，雷曼兄弟是第一颗我们无法阻止其爆开的爆米花，但它并没有在锅里产生热量。即使我们以某种方式拯救了雷曼兄弟，我们也没有权力关掉火源以防止其他爆米花爆裂。我们又陷入了另一个进退两难的情景：我们需要实质性的新的权力，包括向摇摇欲坠的金融公司注资的权限，以阻止这场危机的爆发。但如果没有像雷曼兄弟那样的重大倒闭事件，我们永远不可能从国会获得这种权力，即使获得了权力，也会是一种挣扎。我们没有选择让雷曼兄弟倒闭，但就算我们通过某种方式为这家公司找到了解决方案，最终还是会有别的机构垮掉。

我们已经把我们的权力发挥到了极限，这些极限是真实存在的，现在我们痛苦地认识到，只有动用美国政府的全部资源，才能扑灭这场大火。雷曼兄弟命运确定之后的那个星期日傍晚，我们都认为是时候去国会拿我们需要的资金和工具了。然而，我们首先必须处理美国国际集团的问题，它甚至比雷曼兄弟更大，也更危险，整个金融体系里的剩余部分都面临着被它毁掉的危险。

美国国际集团：自由市场日

与雷曼兄弟一样，全球保险公司美国国际集团已经从我们支离破碎的监管体系的裂缝中衰落了。其保险子公司在州一级受到监管，而美国储蓄机构监管办公室声称监管其控股公司，这就是美国国家金融服务公司、印地麦克银行和华盛顿互助银行等机构首选的那个宽松的监管机构。直到夏末开始大量亏损，我们还都不了解美国国际集团，也没有人密切关注过这家公司，但我们对这家公司了解得越多，就越发意识到让它步雷曼兄弟的后尘可能会引发一场大萧条。

美国国际集团为 7 600 万客户的生命、健康、财产、车辆和退休账户提供了保险，其中 18 万企业客户雇佣了美国三分之二以上的劳动力。多亏其不负责任的金融产品部，该部门就像一个嫁接到传统保险公司上的对冲基金，美国国际集团才拥有了价值 2.7 万亿美元的衍生品合约，其中大部分是为陷入困境的金融工具提供信用违约互换保险。如果它崩溃了，其他系统性银行和非银行机构将会在最需要灾难保险的时候失去它。

似乎每个人都有美国国际集团的风险敞口，也没有人知道其他人的风险敞口有多大，因此美国国际集团违约可能会引发几乎其他所有金融公司的挤兑。

违约现在看来似乎已经迫在眉睫，美国国际集团的股价在星期一暴跌至 5 美元，较其股价最高峰相比跌幅超过了 150 美元。其交易对手要求提供大量额外抵押品，而评级机构正考虑大幅下调其评级。现在看来，美国国际集团至少需要 750 亿美元才能继续维持运营，在银行囤积流动性的时候，只有政府才能填补这一缺口。我们从未想过美联储会帮助一家保险公司，而就在几天前，我们还怀疑自己能否做到这一点。但到了星期一下午，情况已经很明显了，由于美国国际集团规模太大，情况太复杂而又太脆弱，所以私营机构无法救助它，整个金融体系也没有能力去应对它的崩溃。

和雷曼兄弟一样，我们没有像联邦存款保险公司那样的银行清算机构，可以在不破产和违约的情况下对美国国际集团进行清盘，我们也不能对其注入资本、担保债务或购买资产。这一次，我们确实认为美联储或许能够向美国国际集团提供足够多的贷款，以避免其倒闭。与投资银行不一样的是，如果没有信任和信心，美国国际集团也就什么都没有了——它坐拥一个收入相对稳定的保险业务全球帝国。美联储有权依据良好的抵押品来发放贷款，与贝尔斯登或雷曼兄弟不同的是，美国国际集团拥有一系列受监管的保险子公司，拥有支付保费的投保人和强制性准备金，这些都可以用来支持其申请贷款。市场已经对美国国际集团在资金挤兑情况下的生存能力失去了信心，但它的问题主要在于其控股公司——陷入困境的金融产品部的所在地。我们认为市场会认识到，有价值的保险业务足以使它从根本上保持偿付能力和生存能力。

向处于挤兑阵痛中的困境企业提供任何贷款都是有极大风险的，我们也知道这可能只会为系统赢得时间，从而为违约做好准备。到了星期二，如果美国国际集团得不到所需要的资金，它就将申请破产，而它所需要的资金数额似乎每小时都在增加。当天下午，美联储向美国国际集团发送了一份要么接受、要么放弃的方案，该方案以 850 亿美元的惩罚性利率信贷额度换取该公司 79.9% 的股份，这个持股比例刚好低于政府将该公司正式纳入其资产负债表的门槛。但这又足以确保，如果公司存活下来，纳税人将获得大部分好处。尽管其中的一个条件是我们将立即更换首席执行官，美国国际集团还是接受了这笔交易。

我们知道反弹会很激烈，我们也知道这看起来像是我们在蹒跚而行。巴尼·弗兰克讽刺道，9 月 15 日应该被命名为“自由市场日”，以纪念美国对市场严谨的“一日承诺”（前一天美国政府刚刚拒绝了雷曼兄弟的求助请求，后一天就宣布接管美国国际集团）。但我们并没有突然接受或抛弃任何原则。我们尽己所能来避免市场陷入混乱，我们也没有去做自己所不能做到的，美国国际集团有可靠的抵押品，这足以确保其维持业务所需的资金，而雷曼兄弟则没有这些东西。即使有了美国国际集团，我们也在试图推动一项艰难的交易，部分是为了最大限度地保护纳税人，部分是为了最大程度地减少我们对未来造成的道德风险。美国国际集团的股东后来提起了诉讼，因为他们认为自己受到了过于严厉的对待，尽管这令人难堪，但这确实反映出我们信守救助更为广泛的金融体系的承诺，而不是救助体系中的个人。救助美国国际集团是我们当时最不糟糕的选择，我们试图将糟糕程度降到最低点。

批评者嘲笑我们向华尔街释放了另一个失败会得到回报的信息，但是大部分的失败都没有得到奖励。在金融危机期间，美国国家金融服务公司、贝尔斯登、房利美、房地美、美林、雷曼兄弟、美国国际集团、花旗集团和美联银行的首席执行官都丢掉了工作。每家金融机构的股东都目睹了他们的股价暴跌。诚然，我们减轻了金融业的一些痛苦，以避免债权人和交易对手方的全面挤兑，当然这可能会造成一些道德风险。但是我们并没有为未来的金融家创造一条特别有吸引力的路径，如果让金融体系崩溃并拖垮经济，只是为了让我们对自己树立的严苛先例而感到公正，那么这对我们来说将是一种离奇的狂妄自大。如果我们认为倒闭的后果可能仅限于美国国际集团的高管和股东，我们会很高兴地让其倒闭，但我们并不希望任何具有系统性风险的机构在我们无法阻止其危害升级为全球金融危机的时候倒闭。

一些批评人士对美联储没有坚持实施估值折扣而感到愤怒，因为这将减少美国国际集团债权人与交易对手的支出。相反，债权人和交易对手因为与一家濒临倒闭的公司达成的高风险协议而获得了全额兑付。事实上，美联储没有权力在不触发违约的情况下实施估值折扣，因为这将意味着一定程度上的破产，债权人很快就会拒绝自愿接受哪怕微不足道的估值折扣的想法。无论如何，对破产公司的债权人进行估值折扣是明智的，当然这只是在正常时期。而在恐慌期间进行估值折扣，则是正常破产程序的一个共同特征，肯定会进一步加剧恐慌。这向其他陷入困境的公司的债权人发出了一个信号，即如果它们不是遭遇突然挤兑，它们也会面临估值折扣的风险。我们将于一周后在华盛顿互助银行看到这种现象。危机应对的目标应该是缓解恐惧，而不是确认和放大它。

我们理解为什么公众希望看到金融机构要为其鲁莽付出最终的代价。俗话说，没有破产的资本主义就像没有地狱的基督教。政策制定者如果在一场史诗般的危机中关注的只是惩罚而不是稳定，那么这样做只会使危机更加史诗化。正如伯南克所说，尽管让房屋着火会惩罚纵火者，并发出一个强烈信号——永远不能容忍在床上吸烟，但是如果你的邻居在床上吸烟导致他的房子着火，你还是希望消防队在火势蔓延到你的房子和整个城镇之前把火扑灭。试图避免对于超出控制火势所需范围的鲁莽行为进行奖励是有道理的，在火灾扑灭后也要适当地对他们进行惩罚（同时推动更有效的防火措施）。但首要的任务是要扑灭大火。

事实证明，美国国际集团的处境比我们想象的还要恐怖。

在最初的贷款发放之后，公司还处于持续解体状态，最终救助资金将扩大到令人难以想象的 1 850 亿美元。不过，最终美国国际集团连本带利偿还了这笔钱，部分还款是通过出售其业务而实现的，政府获得了 230 亿美元的收益。更为重要的是，我们避免了美国国际集团违约后可能造成的更大范围的损失。该公司的高管们曾将整个体系置于风险之中，而当他们收到危机前所商定的奖金时，公众再次被激怒。从公共关系的视角来看，拯救美国国际集团是毁灭性的。但在 2008 年 9 月，也就是雷曼兄弟倒闭后的第二天，未能拯救美国国际集团将更是灾难性的。

一个时代的终结

我们避免了不少灾难，但这还远远不够。雷曼兄弟的破产以及美林和美国国际集团的几近破产，使市场遭受了更深的冲击。两家幸存下来的独立投资银行也都面临着不断加剧的挤兑；摩根士丹利的信用违约互换飙升至高于雷曼兄弟倒闭前的水平，而高盛则眼睁睁地看着价值 600 亿美元的流动性资金在一周之内蒸发殆尽。公司证券息差较 1929 年崩盘后扩大了一倍，这表现出人们对非金融公司普遍破产的担忧。短期国债收益率实际上为负，这反映出投资者疯狂地转向安全资产，投资者如此害怕投资任何东西，以至于他们愿意付钱给政府来持有现金。伯南克收到棒球统计专家比尔·詹姆斯的一封电子邮件，信中敦促他坚持下去：“在某种程度上，那些说情况不会变得更糟的人必须是正确的。”

情况还在变得更加糟糕，当我们敲定对美国国际集团的条款时，一场新的灾难在星期二爆发了。储备一级基金，一个重仓于雷曼商业票据的货币市场基金，宣布不能再给投资者进行全额兑付，并停止赎回。投资者担心其他货币市场基金也会“跌破面值”并冻结现金，于是争相在那一周从该行业撤出 2 300 亿美元，这对那些没有为其类存款业务提供保险的类银行机构来说是可怕的。与此同时，随着货币基金从风险中撤出以安抚投资者，它们购买的商业票据甚至更少，在回购市场发放的贷款也更少，这加剧了银行和非银行机构的流动性危机。通用电气、福特甚至可口可乐等评级较高的非金融公司的首席执行官警告保尔森，他们在发行证券方面遇到了困难，这使他们失去了维持日常运营以及向供应商和工人支付款项所依赖的短期资金。这将迫使他们削减库存，并推迟向中小型供应商付款，反过来这些供应商将被迫裁员。

这场危机将以一种更具体、更明显的方式从华尔街蔓延到普通民众。我们决心阻止货币市场基金和商业票据的挤兑，3 000 万美国人向前者投资了 3.5 万亿美元，后者为众多实体企业提供了至关重要的日常流动性，而这正是企业的血脉。保尔森的团队提出利用财政部 500 亿美元外汇稳定基金为货币基金提供担保的想法，就像联邦存款保险公司为银行存款提供担保一样。财政部基金本应仅在紧急情况下用于保护美元的价值，但有理由认为，停止货币基金的挤兑将有助于防止经济崩溃，而经济崩溃可能会摧毁美元的价值。无论如何，我们相信财政部一旦宣布担保措施，它就不需要任何开支或发放贷款，因为投资者一旦恢复对于货币基金安全的信心，他们就会停止挤兑行为。美联储通过在其天书般的贷款计划中推出新的条目来支持新的担保措施——资产支持商业票据货币市场共同基金流动性工具，这是通过帮助银行从货币基金购买资产支持商业票据来解冻市场的间接性努力。两周之内，该计划为市场不再信任的价值 1 500 亿美元的证券提供了融资。

干预起了作用，没有其他货币市场基金跌破面值，而且由于财政部在新保险政策下向所有人收取保费，纳税人最终获得了另一笔利润。来自美联储的额外流动性起到了作用，但真正的教训是政府担保的力量，当危机管理者可以信守承诺提供针对灾难性结果的保护时，市场参与者就不必在预期这些结果的情况下采取行动，因此人们担心的后果就不会发生。

我们没有权力为投资银行的债务提供担保，所以我们花了很长时间敦促摩根士丹利首席执行官麦晋桁和高盛的劳埃德·贝兰克梵寻求与资金基础更强的商业银行合并。在这一点上，盖特纳试图安排众多“奉子成婚式”的结合，以至于华尔街高管们都称他为“eHarmony”（在线约会网站）。但像高盛－美联和摩根－花旗这样的潜在巨型并购并没有实质意义，美联和花旗尽管都有已保险的存款，但它们也有自己的挑战，而且这种配对会引发对它们双双陷入泥潭的担忧。与此同时，我们不情愿地鼓励美国证券交易委员会对金融公司股票的卖空实施临时禁令，这也是我们几个月来一直反对的，在不那么极端的情况下我们绝不会考虑这样做。我们非常讨厌禁止做空陷入困境的公司的想法——这种感觉就像禁止负面评论一样，可能会削弱人们对我们希望保护市场的信心，但摩根士丹利正处于崩溃的边缘，高盛也将步其后尘，主要商业银行紧随其后。然后我们就没有其他可以保护的了。

这两家投资银行都在拼命寻找战略投资伙伴，以便进行基石股权投资，这将有助于增强它们的资本缓冲，并发出对其业务生存能力充满信心的信号。美联储决定允许这两家公司都成为银行控股公司，但前提是它们必须立即筹集大量私营资本。9 月 20 日，周末，高盛从沃伦·巴菲特那里努力争取到 50 亿美元的投资，这使该公司得以从公众那里再融资 50 亿美元。摩根士丹利获得三菱公司的承诺，将以 90 亿美元收购该公司 20% 的股份。美联储指定的银行控股公司让市场隐约感到了些许安慰，但实际上几乎没有什么实质性影响。举例来说，考虑到已经实施的贷款计划，这并没有增加两家投行从美联储借款的规模。

私人投资者的注资提供了有限的信任票，但金融风暴仍在肆虐。我们已经落在恐慌发展势头之后了，这很危险，而我们现有的工具库已被证明太过薄弱而无法遏制挤兑的势头。我们需要一种方法来预防整个金融领域的灾难，而不是一次只介入救助一家公司，如果没有国会的支持和纳税人的资金，我们是不可能做到这一点的。

几个月来，我们一直想获得更为强大的紧急救援权力，但国会已经表示，它需要更多令人信服的证据来证明我们确实需要更大的权力。我们也担心公众明显的反对态度会加剧市场对我们结束危机能力的担忧。我们现在正面临第二次大萧条的深渊，我们第一次相信，或许我们能够让不太情愿的国会采取行动。9 月 18 日，在白宫的罗斯福厅举行的会议上，伯南克和保尔森告诉布什总统，现在是去国会的时候了，伯南克强调单靠美联储已经做不了更多的事情。于是总统支持我们去国会山要求我们所需要的权力，这样我们就可以确保不会再发生雷曼兄弟式的倒闭。

星期五晚上晚些时候，保尔森向国会递交了一份长达三页的不良资产救助计划草案。这是一项赋予财政部购买 7 000 亿美元有害抵押贷款证券权力的提案，这些有害证券已经危害到了整个金融体系。这个数字多少有些武断，相对于 11 万亿美元的住房抵押贷款市场来说，5 000 亿美元感觉远远不够。虽然任何接近 1 万亿美元的资金都让政治体系感到难以承受，但我们的目标是创造一种压倒性的感知和现实。我们希望通过移除一些拖累资产负债表的非流动性资产来提振人们对濒临破产的金融公司的信心，我们还希望此次买入能重振我们没有购买过的类似抵押贷款资产市场，这样可以有效地对整个金融体系进行资本重组。这类似于财政部和美联储在 4 月份共同制订的所谓“击破玻璃”（Break the Glass）计划，现在显然是实施该计划的时候了。

仅仅是公开支持不良资产救助计划就有一定的风险。保尔森和伯南克需要说服国会，当前形势已经严峻到足以证明可以采取特别行动的地步，但危言耸听的言辞可能最终会加剧恐慌，这与我们在整个危机期间如同走钢丝般对外沟通的难度是一样的。保尔森的简略提案立即引发了一场政治风暴。提案的意图仅仅是展示一个梗概，这也是对参议员克里斯托弗·多德提出他没有向国会提交既成事实的回应，但批评者嘲笑这个提案缺乏立法的细节内容。

实质上，该草案赋予了财政部无限灵活性，可以在没有国会干预甚至没有司法审查的情况下支出 7 000 亿美元，这引发了外界对保尔森寻求前所未有的权力的指责。许多共和党人抨击该计划是“大政府社会主义”，而许多民主党人则抱怨该计划缺乏对高管薪酬和房主救济的限制。在美国国会举行的一系列听证会上，保尔森和伯南克因为将华尔街置于普通民众之上，并且纵容纵火者而不是任由他们自焚而一再受到嘲笑。一位参议员告诉伯南克，他办公室接到的有关这项立法提案的电话表明：“50% 的概率通不过，50% 的概率绝对通不过。”

然而，远离了摄像机与国会的装腔作势，在保尔森正朝着两党协议取得进展而努力的时候，共和党总统候选人、参议员约翰·麦凯恩突然宣布暂停竞选，飞回华盛顿帮助解决危机问题，这将谈判推入总统政治的旋涡之中。保尔森警告麦凯恩，如果他破坏了不良资产救助计划，他将向外界公开表示麦凯恩在蓄意破坏经济，当然麦凯恩并不想这样做。他甚至暗示伯南克可能会支持他，而这实际上不是伯南克作为独立的美联储主席会做的事情，但保尔森愿意这样虚张声势以避免一场灾难。

布什总统和保尔森于9月25日星期四在白宫会见了总统候选人麦凯恩、奥巴马以及两党的国会领导人，这是一次出名的无成效会议。在关键的共和党人仍然表示抵制不良资产救助计划之后，会议在一场嘈杂的争吵比赛中结束。即使在总统选举之前没有爆发金融危机，金融危机中的政治也总是很困难的，因为稳定金融体系所必需的行动从来都不受欢迎。这就是为什么危机管理者在危机发生前拥有他们需要的工具是如此重要，他们不需要依靠政治领导人在公众显微镜下实时承担政治风险。正如盖特纳的助手李·萨克斯指出的那样，消防部门不应该通过召开市政会议来批准购买新设备以扑灭已经失控的大火。

事实上，就在同一天，大火就烧毁了另一家大型银行——华盛顿互助银行，它取代印地麦克银行成为联邦存款保险公司有史以来承保的规模最大的倒闭银行。联邦存款保险公司主席希拉·贝尔为摩根大通制订了一项交易计划，在没有她所在机构的保险基金援助的情况下，收购华盛顿互助银行并对其存款进行保护。联邦存款保险公司的交易计划使得华盛顿互助银行的股东出局，当然这是适当的，但它给华盛顿互助银行的优先证券持有人带来了巨大的损失。换句话说，该计划允许华盛顿互助银行债务违约，这也是我们一直极力希望其他公司避免的结果。这种估值折扣在平时是有意义的，会迫使债权人承担不明智放款的后果，但在恐慌期间却不是这样，因为这会发出一个信号，也就是其他金融公司的债权人应该去挤兑。贝尔认为我们的救助行动造成了太多的道德风险，并将华盛顿互助银行的倒闭视作金融体系的一个教训。她还非常保护联邦存款保险公司的存款保险基金，经常引用她的法律义务为她的机构寻求最低成本的选择。但当金融稳定岌岌可危时，这项义务有一个“系统性风险例外”，而对华盛顿互助银行进行估值折扣似乎会造成更多的银行倒闭，使联邦存款保险公司承担更多的损失，并出现更多的救助和更多的道德风险，等等。

第二天早上，美联银行果然出现了挤兑，这是美国资产规模第四大的银行，也是排在队伍中的下一张多米诺骨牌。美联银行优先债务违约保险成本翻了一番，其十年期债券的价格在一天之内下跌了近三分之二。再一次，我们需要为一个崩溃的巨型银行提供一个周末解决方案，虽然花旗集团和富国银行都感兴趣，但它们都不愿意在没有政府帮助的情况下收购美联银行并承担其债务。起初，贝尔倾向于回到她的华盛顿互助银行模式，即对高级债权人进行估值折扣，以保护联邦存款保险公司基金并避免道德风险。但经过一番辩论后，她同意启动系统性风险例外条款，以避免再次出现可能加剧恐慌的混乱违约。

美联银行的戏剧性事件并没有就此结束。联邦存款保险公司最初宣布将其出售给花旗，同时同意承担美联银行不良抵押贷款资产的部分风险，但当富国银行提出既不需要估值折扣，也不需要联邦存款保险公司提供帮助的时候，联邦存款保险公司改变了主意。这是一个可以理解的逆转，但是政府的曲折变化在市场中制造了各种各样的不确定性。在没有连贯战略的情况下出现摇摆不定的现象，主要是由政府有限的权力、分散的部门以及金融危机的大混乱造成的。这并没有真正增强我们应对形势的信心，同时还限制了我们所拥有的工具手段的有效性。

我们想向市场保证不会再有雷曼兄弟或华盛顿互助银行，如果要使这些保证获得信任，我们就需要不良资产救助计划。在美联银行周末事件期间，保尔森和他的团队与国会领导人敲定了一项协议，在他的极简约版草案中增加了监管措施，并对参与协议机构的首席执行官们的“金色降落伞”（Golden Parachutes）加以限制。保尔森一直坚持对高管薪酬进行更为严格的打压，以降低其与不良资产救助计划相关而带来的负面影响，因为除非银行同意参与，即使它们没有濒临破产的边缘，也是行不通的。尽管如此，他的首要任务是达成一项交易，而财政部得到了保尔森认为其在这笔交易中所需要的一切。麦凯恩和奥巴马都表现出了支持该法案的政治勇气。

然而，9 月 29 日星期一，众议院以微弱优势获胜，拒绝了不良资产救助计划。标准普尔 500 指数下跌 9%，损失了创纪录的 1 万亿美元。这是一个非常可怕的时刻，让一些顽固的众议院共和党人为之一震。参议院领导人在不良资产救助计划中增加了一些减税措施后，该法案于星期三在两党的广泛支持下获得了通过。星期五，众议院做了一个大转弯，也通过了令人感到愉悦的版本。该法案并不完美，但在国家紧急状态期间，民主党控制的国会（在一些共和党人的支持下）在短短 16 天内通过了一项具有政治辐射性作用的 7 000 亿美元华尔街救市计划，以拯救共和党政府。该法案赋予财政部相当大的权力，明确表明保尔森甚至不需要使用不良资产救助计划来购买不良资产。巴尼·弗兰克开玩笑说，如果他想的话，甚至可以用该计划来买碎石子。这并不是保尔森的计划，但是当该法案通过时，财政部和美联储正专注于另一种选择来购买不良资产。

第五章

灭火：

2008 年 10 月—2009 年 5 月

不良资产救助计划的通过是一个转折点，民主选举出来的政府各分支机构开始官方地认识到危机对经济构成了严重威胁，从而赋予危机管理者更大的权力来稳定金融体系。但金融体系在相当长一段时间内仍然无法回稳。

简单地说，那时所面临的一部分问题就是金融体系的状况十分糟糕。它已经遭受了 14 个月的打击，2008 年 9 月的混乱状况——不仅雷曼兄弟倒闭了，房利美、房地美、美林和美国国际集团这几家机构也濒临倒闭，货币市场基金遇到前所未有的挤兑——对信贷市场和信心造成了毁灭性打击。7 000 亿美元救助金获得批准是个好消息，但金融系统中存在的问题远远不是 7 000 亿美元能够摆平的。人们对其他重要金融公司偿付能力的担心与日俱增。反映银行同业拆借压力的利差在美国国会通过不良资产救助计划后的一周内创下历史新高，股市也经历了 1933 年以来最为糟糕的一周。显而易见，仅仅依靠不良资产救助计划并不能平息恐慌。我们需要宣布一项能立即解决市场问题的明确计划，并要迅速实施这项计划。

非常不幸的是，信心缺失就像病毒一样已经将抵押贷款证券、持有抵押贷款证券的公司以及持有上述公司证券的公司感染，这种病毒也已经蔓延到美联储和财政部。我们本应该让势态变得更好，但事实上却不断恶化，市场越来越怀疑我们能否控制危机的蔓延。人们希望看到一个可以依赖的、连贯而有力的策略，但对于我们的权威的限制让他们产生了这样一种感觉，即我们是在边做边补救，只拯救了一些公司，而不是所有公司，我们落在了危机发展势头的后面。现在国会终于借用不良资产救助计划扩大了我们的权力，而保尔森决定不使用这个计划来购买不良资产。看起来我们又是在即兴发挥，但是在金融危机中，当时局需要时，有勇气调整方向是至关重要的。

尽管我们升级了灭火措施，但火势看起来仍如此糟糕的一个原因是宏观经济状况在不断恶化。2008 年 12 月，经济已滑入衰退，但秋季的动荡加速了金融部门与实体经济之间的恶性循环，失业和贷款违约进一步削弱了市场信心，并且压低了资产价格，这会导致更多的开支紧缩、裁员、违约和抛售，也进一步加深了金融危机和经济低迷。随着经济崩溃，人们越来越理性地认为陷入困境的美国金融公司是最糟糕的。欧洲的情况至少同样糟糕，7 个不同的国家不得不介入将一家或多家濒临倒闭的机构国有化。

尽管如此，现在我们有了不良资产救助计划，相信我们终于可以走在危机趋势的前面了。

部署不良资产救助计划

当我们第一次提出不良资产救助计划时，保尔森认为与资本投资相比，资产收购将是恢复金融稳定的更好机制。他的目标是对银行体系进行资本重组。但在过去，每当政府直接向私人银行注资时，条款往往是极为苛刻的，只有倒闭或即将倒闭的银行才会接受注资，这就导致对最弱小的银行实施了代价高昂的国有化，而没有对整个体系进行更多的资本重组。保尔森认为，购买不良资产将推高银行体系内剩余资产的价格，充实它们的资产负债表，改善它们的资本状况，并提振投资者的信心。相比之下，资本注入引发了对国有化的恐慌，这可能会加速各大银行的资金外逃。在政府收购了房利美、房地美和美国国际集团的股权后，这些企业的股东几乎全部被扫地出门。保尔森担心，如果其他银行的股东认为自己的股本也有被稀释的风险，他们也会逃走。他还对金融体系部分国有化可能引发的政治地震感到担忧。

当我们向国会寻求紧急权力时，我们不得不处理美国历史上最大的两起银行倒闭案——华盛顿互助银行倒闭案和美联银行倒闭案。当不良资产救助计划出台时，势态正在以惊人的速度恶化，我们需要立即采取行动来解决市场问题。人们很快就会明白，设计一个公平有效的资产收购计划是一项复杂而艰巨的任务。这个底线是整个体系需要更多的资本，而资产收购是提高资本水平的一种间接且低效的方式。确定财政部应该购买哪些资产以及应该支付多少价款也不是一件容易的事。保尔森的团队考虑了包括拍卖、与私营部门投资者合作在内的各种方法，但很明显，建立一个可行的项目需要六周乃至更长的时间。在接下来的几个月里，我们将重新审视其中的一些思路。但是，我们需要一种更简单、更快、更有效的方法来救助整个体系，前提是有这样一个体系需要我们来救助。

当国会通过不良资产救助计划时，我们一致认为，通过让政府购买金融机构新发行的股票的方式直接向金融机构注资，将比直接购买它们的资产更容易、更快地稳定银行体系。这个计划也会更加强大，更具有成本效益。我们需要尽可能地让不良资产救助计划投入的每一分钱物尽其用，7 000 亿美元可是一大笔钱。但我们担心如果不解决潜在的问题，购买资产行动就可能会毁掉这一切。保尔森的团队还决定购买无投票权的优先股，而不是普通股，这将有助于平息外界对政府接管的担忧，同时以相对有吸引力的条款来配合实施，这样无论实力强的银行还是实力弱小的银行都会接受注资，从而就能恢复公众对整个体系的信心。

14 个月以来，我们的权力一直局限于以美联储的努力来解决流动性问题，现在终于可以动用政府的资金来解决潜在的偿付能力问题了。随着恐慌的加剧，银行仍在艰难地为自己寻找资本，潜在损失的规模也在增加，我们担心单靠注资仍不足以稳定金融体系。债权人和投资者仍不断地从强大的金融公司和疲弱的金融公司中撤出。确保银行能够融资的最简单、最有力的方法是为它们的债务提供担保，就像美国财政部在主要储备基金跌破面值后为货币市场基金所做的那样。我们希望可以做出可信的承诺，不会再有估值折扣或违约，因为这就是恢复信心和停止挤兑的方式，我们通过货币基金看到，市场认为联邦担保是可信的。欧洲的几个国家已经决定为它们的银行债务提供全面的担保，因此我们的防御措施也必须同样具有全面性。

我们突然想到，既然联邦存款保险公司确实有权一次救助一家濒临倒闭的银行，那么它也可以援引系统性风险例外条款同时为所有银行提供救助。联邦存款保险公司当时的主席希拉·贝尔不愿让其公司的存款保险基金承担更多风险，批评我们在保护系统性金融机构方面所采取的“不惜一切代价”的做法是对华尔街的过度慷慨。但她已经看到了市场对雷曼兄弟和华盛顿互助银行违约的混乱反应，鉴于她的个人信用，她同意考虑为一些银行债务提供担保。

最初，贝尔推动将担保限制在新发行的债务上，不包括银行控股公司的债务，同时对开展担保的银行征收惩罚性费用，甚至将担保限制在其债务的 90%，其中隐含了 10% 的估值折扣。她辩称她的保险基金中只有 350 亿美元，所以她必须谨慎避免风险。但我们认为，预先承担一些风险可以保护银行免受挤兑，这会降低失败的连锁反应耗尽她的全部资金的风险。她有能力从财政部借钱来支持她的基金，联邦存款保险公司还可以提高从金融业收取的费用，以便在危机结束后补充资金。

我们尽一切可能解决危机，即便在争分夺秒敲定政府资金和担保的细节时，我们都没有放弃投入更多的努力来保护金融体系。美联储制订了一项新的贷款计划以防止商业票据市场的崩溃，这样大公司可以为它们的日常运营提供不只一两天的维持经费·商业票据融资工具涉及另一项对美联储紧急权力的特殊解读，该计划在第一周将购买价值 2 420 亿美元的票据，以帮助企业打通重要的短期信贷渠道，最终将为纳税人赚取 8.49 亿美元，不会有任何损失。

与此同时，随着一场前所未有的寒潮席卷全球经济，我们与全球同行宣布了一些前所未有的行动。首先，美联储帮助组织了各国中央银行有史以来第一次协调性降息。0.5 个百分点的降幅并没有扭转市场信心的颓势，但它确实发出了国际社会承诺放松货币政策以促进增长的信号，考虑到鹰派的欧洲央行刚刚推行的货币紧缩政策，这算是取得了一个不小的成就。保尔森和伯南克在英格兰银行行长默文·金恩的支持下，发起了一份由 G7（七国集团）国家发表的非常有力的声明，该声明承诺“开展紧急特别行动”以结束这场危机。声明放弃了大多数公报所特有的晦涩难懂的行话和外交式告诫，并承诺每个国家将“使用所有可用的工具，支持具有系统重要性的金融机构以防止它们倒闭”。我们对危机采取的不惜一切代价的做法现在成了主要经济体的官方政策。

我们仍然需要在哥伦布日[①]的那个周末完成我们的资本计划和联邦存款保险公司的担保。我们面临的挑战是，要设计出足够严厉的条款来保护纳税人，但又不至于苛刻到无法鼓励有

---

① 哥伦布日是一些美洲国家的节日，时间是每年 10 月的第二个星期一。——编者注

实力的公司参与进来而使该计划名声受损。我们不相信我们能够强迫资本比率高于监管最低要求的公司参与不良资产救助计划，我们担心如果只有实力最弱的公司接受政府的注资，那么市场参与者就会逃离这些公司，而金融体系的其他部分仍将处于资本不足和脆弱的状态。因此，我们确实收紧了国会为参与不良资产救助计划所设定的条件，对首席执行官的薪酬进行了限制，但我们没有对其他银行高管的薪酬和奖金加以限制。我们希望最大限度地提高参与度，这样我们就可以向整个体系注入足够的资金，并提供足够广泛的担保，以打破恐慌。我们还使得注资条款对银行具有吸引力，财政部将购买优先股，股息率从5%逐渐提高到9%，认股权证（即在未来以固定价格购买额外股票的期权）将确保纳税人在公司业绩良好时获得一定的收益。其目标是使这些资本具有足够的吸引力，从而使所有银行都能接受注资，但随着市场压力的缓解，银行将被鼓励以私人资本取代这些国有资本。

对于担保问题，希拉·贝尔同意联邦存款保险公司对银行控股公司和银行的借贷提供担保，同时收取足够低的费用以避免名声受损，并全额担保债务，而不是强制实施估值折扣，毕竟这样做将违背担保的目的。为了降低联邦存款保险公司的风险，她坚持认为这种担保只适用于新发行的银行证券，这意味着债权人仍将担心以往既有的证券可能出现的估值折扣和违约，尽管轻松发行新债的能力确实提高了履行现有银行债务的可能性。我们的资本计划也不是万能的。通过购买永久优先股

（其固定股息必须在向普通股股东支付任何股息之前支付），我们会承担让财政部的注资看起来更像是贷款而不是永久股权投资的风险，这可能会削弱市场对整个体系得到充分资本重组的信心。尽管如此，我们仍然有理由相信不良资产救助计划将解决流动性和偿付能力问题，降低挤兑风险，同时帮助银行恢复健康从而可以发放贷款，并促进经济再次增长。我们相信，这也会给那些需要更多股本的银行以喘息的空间，让它们在不让市场受到惊吓的情况下从私人投资者那里筹集资本金。

我们需要以压倒性的优势迅速启动这个项目，因此，保尔森在哥伦布日当天将 9 家最具系统重要性的金融公司的首席执行官召集到了财政部。我们三个人还有希拉·贝尔以及货币监理署的约翰·杜根解释说，我们期望这 9 家银行都接受相当于其风险加权资产 3% 的财政部注资，总计 1 250 亿美元的不良资产救助计划投资，以及联邦存款保险公司对它们在 2009 年 6 月之前发行的所有新证券的担保。这是一项一揽子交易计划，没有政府资本就没有政府担保。一些认为自己资本状况更好的银行担心，该计划会让它们看起来和处境更危险的竞争对手一样虚弱，所有的银行都不愿意接受政府作为投资者。我们提醒它们，它们中的任何一家都不应该相信自己有足够的资金度过即将到来的严重衰退，更不用说伴随着系统崩溃而来的挤兑了。除非它们接受我们的资金，否则我们不会给它们强有力的担保。所有 9 家公司都需要这个体系才能生存下来，而确保这一点的最好方法就是，让所有 9 家公司都参与不良资产救助计划。然后，我们将向规模较小的银行再提供 1 250 亿美元，这样先加入不良资产救助计划的 9 家公司就不用担心自己的名声受损了。那天下午，9 位首席执行官都接受了不良资产救助计划的现金，股市创下历史上最大的单日涨幅纪录。在接下来的几个月里，我们将迅速采取行动，向近 700 家小型银行注资，朝着整个银行体系的稳定以及资本重组迈出至关重要的一步。

最终，政府将从其对美国银行的投资中获得可观的回报，但在那个时候，公众认为我们把他们的钱捐给了刚刚破坏了经济的银行家。欧洲人采取了一种更为传统的方法来解决他们的银行问题，将濒临倒闭的银行国有化，并以惩罚性条款向其他银行提供资金，几乎没有哪家银行同意接受这一条款。这样做的结果是，他们的银行系统在未来几年仍将面临严重的资本不足，他们的经济复苏速度将比我们的慢很多。正是这些特质使不良资产救助计划在经济目标方面非常成功，但这也会增加其在美国公众中的不受欢迎程度。这是可以理解的，民众希望我们以最严厉的条款来惩罚银行。

这只是危机结束的开始。

我们现在有一个更有效的策略来应对金融地震，但是经济海啸才刚刚到达海岸。2008 年第四季度，随着华尔街的冲击开始波及普通民众，美国经济以 8.2% 的年率收缩，有近 200 万人被裁员。普通民众的困境反过来又加剧了华尔街的问题，因为倒闭的企业会拖欠贷款，下岗工人会拖欠信用卡贷款、学生贷款、汽车贷款和抵押贷款。银行资产负债表上的不良资产比以往任何时候都更加麻烦，因为抵押贷款违约和违约率的上升加剧了人们对抵押贷款支持证券的担忧。大萧条以来最严重的衰退正在加剧，这使我们稳定金融体系的努力进一步复杂化。

不良资产救助计划账面上的数字已经变得很难看，这加剧了市场对我们新增的大笔资金足以填补金融体系剩余的资本缺口的怀疑。我们最初的不良资产救助计划资金中只有 3 500 亿美元，我们需要国会批准才能动用剩下的 3 500 亿美元。我们向银行业注入了 2 500 亿美元，剩下的最初的不良资产救助计划资金为 1 000 亿美元，因此总计剩余 4 500 亿美元。美联储的一项分析发现，仅银行业就需要在“压力情景”中再增加 2 900 亿美元的资本，同样在“极端压力情景”中需要高达 6 840 亿美元的资本，这还不包括帮助房主或救助汽车行业的成本。

我们还必须处理美国国际集团的问题，该公司公布了令人震惊的巨额亏损，而且是再次出现的亏损。这一次，我们决定重组救助计划，试图以一种更为持久的方式来解决问题。幸运的是，我们现在有了不良资产救助计划，保尔森同意向美国国际集团注资 400 亿美元，以满足信用评级机构和市场对其财务可行性的信心。美联储还为两家新的机构提供了融资，以便将美国国际集团的问题证券的风险从其资产负债表中移除，从而剥离那些正在动摇市场对该公司信心的资产。美联储确实测试过这能否说服美国国际集团的主要债权人自愿降低他们对该公司所主张的债权，但即使是最为温和的估值折扣，他们也是不会接受的。理论上，我们本可以通过威胁美国国际集团违约来迫使他们这么做，但我们的首要任务是防止违约以及由此引发的评级下调和挤兑。威胁违约不是减少违约恐惧的好方法，我们无意通过发出“没有任何合同是安全的”信号来加剧恐慌。

这是一个危险的时期，由于它发生在四年一次的新总统大选期，这使情况变得更加危险。奥巴马在竞选期间处理危机的负责任的方式给我们留下了深刻的印象，我们知道他明白挑战的严重性。当他要求盖特纳接替保尔森在财政部的职位时，他表示支持我们不惜一切代价的策略，尽管盖特纳警告过他，此举会使他卷入不受欢迎的选择中，并使他传达的改革信息更加复杂化。话说回来，两位总统之间长达 10 周的过渡期还是让人感到不合情理且漫长。保尔森和伯南克对盖特纳的提名感到非常欣慰，但在这段这渡期，他不得不回避与金融机构打交道。保尔森在竞选期间定期与奥巴马交流，但奥巴马作为当选总统在过渡期间未继续保持这些对话。在盖特纳的授意下，奥巴马的其他助手都离开了保尔森，他们援引华盛顿“一个时期只能有一位总统”的不成文规则，所以那些会影响政府的决定是在没有他们参与的情况下做出的。当时，保尔森觉得在某种程度上自己被抛弃了，但回想起来，奥巴马做了正确的事情，他让布什总统的班底和美联储能够在不受干预的情况下顺利工作。从现实性来看，没有一位即将上任的总统会想要为他宣誓就职前不得不采取的一些混乱行为承担责任。

过渡期间的第一个紧急事件就涉及花旗集团，一个拥有 2 万亿美元资产的全球巨头。它是大银行中最弱的一家，其资本缺口比不良资产救助计划注资的规模还要大，市场对这一点是清楚的。该公司规模太大，而且关联度很高，所以不能倒闭，因此财政部同意再动用 200 亿美元的不良资产救助计划资金购买更多优先股，这次股息将提高到 8%。但仅仅增加资本金似乎并不太可能阻止债权人和未投保的外国储户继续挤兑，因此，救援计划还包括美联储和联邦存款保险公司对花旗集团质量最差的 3 060 亿美元资产实施“围栏策略”，这使得花旗要为之前 370 亿美元的潜在损失负责，但是该计划为超过 90% 的损失提供政府担保。这一想法通过为花旗的尾部风险提供保险以防最坏的情况出现，从而有望恢复足够的信心以避免最坏的情况发生。我们认为，除非整个体系崩溃，否则这种做法将比注入花旗所需要的全部资本或收购其所有不良资产便宜得多。在那种情况下，我们所遇到的问题将比花旗严重得多。

与此同时，消费信贷市场陷入瘫痪，美联储和财政部制订了一项计划，通过启动消费信贷支持证券市场来重振消费信贷市场。因此伯南克和他的美联储同事再次援引了第 13（3）条来创建定期资产支持证券贷款工具，这就产生了对信用卡贷款、学生贷款、汽车贷款和小企业贷款支持证券的需求，这些消费信贷可以作为美联储向投资者提供贷款的抵押品。定期资产支持证券贷款工具计划得到不良资产救助计划另外 200 亿美元投资的支持，以防美联储在这些证券上蒙受损失，但它最终不会吸收任何损失，而且该计划将有助于抵消银行在最需要信贷的时候限制普通民众信贷的趋势。

在对银行资本、美国国际集团和花旗集团的救助以及消费信贷市场做出承诺之后，我们几乎耗尽了第一笔 3 500 亿美元不良资产救助计划资金。与此同时，美林遭受了非常惨重的损失，以至于美国银行威胁要退出合并，这似乎会引发两家公司的挤兑。即使合并成功了，我们怀疑仍然需要不良资产救助计划资金来拯救合并后的公司。不良资产救助计划资金也将被用于拯救陷入困境的汽车制造商，以避免中西部工业地区数百万潜在失业的发生。不良资产救助计划不是为工业企业设计的，工业企业通常可以宣布破产，然后有序地进行重组或清算，但银行体系如此脆弱，以至于债务人持有的破产公司所依赖的融资在正常情况下是不可用的。这意味着大规模破产可能会引发整个行业及其供应链的崩溃。2008 年 12 月，布什总统批准了通用汽车和克莱斯勒总计 174 亿美元的过桥贷款，以及对其融资部门进行资本重组和重构的协议。这基本上是一条保证行业挺过转换期的生死线，尽管有 40 亿美元还要视国会是否批准第二批不良资产救助计划而定。

在任期结束前的一周，布什总统要求国会释放剩余的 3 500 亿美元，这是一项令人不快的政治任务，他本可以把这项任务留给他的民主党继任者。但布什总统和保尔森决心尽其所能化解政治性的难题（如美国国际集团、花旗集团和美国银行），这样奥巴马和他的新团队就不需要去解决这些问题了。如果不做长期决策（诸如决定汽车制造商应该如何重组，或者如何帮助那些资不抵债的房主），新总统就会陷入困境。我们很难想象比总统换届更难掌控的金融和经济危机时刻。在那个时刻，换届期的后勤支持和政治挑战似乎非常令人沮丧。但回想起来，事情却进展得出奇顺利。国会在没有太多戏剧性的情况下批准了不良资产救助计划的第二部分。

保尔森和伯南克为美国银行设计了一项与救助花旗集团类似的救助计划，从不良资产救助计划获得 200 亿美元的资金，并隔离了 1 180 亿美元的不良资产，这些干预措施确实稳定住了该银行。幸运的是，无论是美国银行还是花旗集团都不需要动用它们的特别政府担保，并且都为它们所得到的保护向政府支付了费用。

对美国银行的救助是保尔森任期内的最后一次行动，但是他所倡导的大部分处置危机的政策在他离任后仍将继续。保尔森和伯南克后来被指控不恰当地向美国银行施压，要求其完成与美林的交易，并不得不在宣誓后就救助银行一事做证，这或许是恰当的。后来，在美国国际集团的股东提起诉讼时，我们再次享有了这一特权，他们认为政府在拯救公司免于破产时应该保留更多的股权。我们救助的公司通常对他们的救助条款并不宽容，而占据压倒性的公众情绪是，他们根本就不应该得到救助。

结束游戏

不幸的是，到奥巴马总统就职时，金融体系仍然不是很稳定，经济也在严重恶化。不良资产救助计划的资金和担保起到了一定的帮助作用，银行最终在第一季度大幅提高收益，但在金融稳定措施通过经济数据显现出来之前，总是会有一段时间的滞后。衡量企业违约风险的恐惧指数甚至要高于雷曼兄弟破产后的水平，消费者信心也处于历史最低点。当盖特纳作为财政部长第一次与总统会面时，他警告奥巴马说，房利美和房地美几乎耗尽了 2 000 亿美元的联邦援助，而且还需要 2 000 亿美元的援助。市场仍然认为金融体系的资本严重不足，尽管美国国际集团、花旗集团和美国银行得到了救助，但它们仍然摇摇欲坠。人们越来越担忧，如果没有另一项不良资产救助计划，我们能否支撑得住金融体系以防止更多混乱性的倒闭。事实上，奥巴马的第一份预算提案将包括 7 500 亿美元，为额外的金融救助预留位置。

美联储正在尽其所能试图重振经济，美联储在 2008 年 12 月将目标短期利率基本降为零，并将在未来 7 年内保持不变。伯南克还宣布了美联储将购买房利美和房地美发行的 1 000 亿美元债券，以及由房利美和房地美担保的 5 000 亿美元抵押贷款支持证券计划。这不仅是为了重振对证券的需求和提振低迷的房地产市场，同时也是一个信号——美联储将继续以创造性的方式支持增长，即使短期利率受到零下限的限制。

但是只有来自美联储的更多创造力还是不够的。即使利率为零，不良资产救助计划开始让银行经受住已经形成的经济风暴考验，但是经济衰退和金融不稳定之间的反向反馈循环仍在不受控地延续着。新上任的政府班底将采取一系列积极的措施来重振经济，其中包括美国历史上规模最大的财政刺激方案——一项迫使通用汽车和克莱斯勒进入破产保护程序的汽车业救助计划，以此作为必要性重组的前奏，以及旨在减少止赎权和帮助房屋所有者的雄心勃勃的计划。与此同时，奥巴马希望用一个强有力的计划来修复金融体系，使其不再拖累经济的其他领域。在最初的椭圆形办公室会议上，奥巴马告诉盖特纳，他对等待和希望事情变得更好不感兴趣，他希望现在就采取行动解决金融问题，这样就可以专注于解决大衰退带来的其他挑战。

问题是要采取什么样的行动。不同意识形态的金融专家越来越相信，银行业基本上是不可挽救的，总统将被迫实现部分或全部银行国有化。新一届政府中盖特纳的许多同事也都认同这一观点，而持续不断的媒体爆料表明，国有化似乎不可避免地对银行股产生了削弱作用，投资者们争先恐后地在政府稀释或清除银行股之前抛售他们的股票。

盖特纳和伯南克希望避免银行系统的广泛国有化，除非这是绝对必要的。甚至对一两个大公司进行国有化也可能引发恐慌，这可能会导致更多的政府收购。但随着信贷市场冻结和衰退加剧，放任自流似乎也不是一个站得住脚的策略。在与财政部的新团队、白宫经济顾问拉里·萨默斯和奥巴马的其他助手、美联储和联邦存款保险公司进行了数周的辩论和磋商后，盖特纳提出了一个不那么激烈的方案。他的计划旨在通过前所未有的透明度和新增资本的组合，恢复人们对银行健康状况的信心。根据该计划，美联储和其他银行监管机构将逐一确定每家银行在严重衰退和新一轮金融危机中可能面临的损失规模。然后，它们将对外公开披露这些估计损失，并确保每家银行都有足够的资本来承受这些损失。如果它们能够募集到资本，就从私人渠道募集；如果不能，就从不良资产救助计划中募集。

提高透明度是一种冒险的策略。如果专家们是正确的，将银行的账簿暴露在阳光下，只会曝光它们对外部的资不抵债程度。市场已经在做最坏的打算，就好像银行是行尸走肉一样。盖特纳和他的同事们认为，只要不确定性依然存在，信心就永远不会恢复。他们认为，人们对银行体系健康状况的看法至少有可能比现实情况更为糟糕。

他的计划核心是资本监管评估计划或者“压力测试”。美联储和其他银行监管机构将进行严格的审查，以确定各大银行是否有足够的资本度过类似萧条的低迷时期。然后将结果公之于众，资本短缺的银行将被给予六个月的时间来筹集它们所需的额外资本。那些无法吸引私营投资的公司将被迫接受额外的不良资产救助计划资本，还有可能被政府控制。许多银行最终会面临落入这种境地的风险，不良资产救助计划将会耗尽试图对银行进行资本重组的资金，而大规模的国有化最终还是会发生。在许多银行的实际状况可能好于市场担心的情况下，先发制人地让政治体系掌管银行体系似乎是一个极端的选择。市场在上行和下行的过程中往往会出现过度反应，而盖特纳不愿将银行变成政府的监护对象，这是基于他对未知情况的担心，而不是银行无法生存的证据。压力测试将提供有关银行健康状况更为准确的图景，然后将确保那些境况不佳的银行获得它们所需的资本，要么自愿从投资者那里获得，要么被迫从不良资产救助计划中获得。

盖特纳和伯南克还同意将定期资产支持证券贷款工具夸张性地扩展为一个由不良资产救助计划资金支持的数万亿美元的美联储计划，此举意在宣扬政府重振资产支持证券市场的决心（事实证明并不需要这些额外的数额）。盖特纳的团队设计了一种新的财政部与私营部门的合作关系来购买不良资产，这改变了保尔森在匆忙推出不良资产救助计划时搁置的一些想法。公私投资计划将向私营投资公司提供不良资产救助计划贷款，由私营投资公司决定购买哪些资产和支付多少资金，因此政府就不必这么做了，但是这些投资公司也必须让它们的自有资金与政府资金共担风险，收益共享。

盖特纳在 2009 年 2 月 10 日的一次演讲中公布了解决危机的计划。这是他职业生涯中的第一次电视讲话，当他还在讲话时，股市就出现了暴跌。暴跌的部分原因是盖特纳对细节含糊其辞，这些细节仍在不断变化之中，而且他的演讲并没有真正激发人们的信心，巴尼·弗兰克说他听起来像是一个在受戒仪式上的男孩。市场也可能感到失望的是，盖特纳没有认可让政府以高价购买不良资产的想法。无论如何，财政部或美联储对这种难堪的反应无能为力，只能尽快设计新的计划，并希望细节最终证明是令人安心的。在计划准备好之前，整个体系将处于一个令人沮丧的危险边缘状态，直到压力测试再次完成。我们只希望金融体系不会在市场看到结果之前崩溃，否则会有大麻烦。

与此同时，国有化和实施估值折扣的呼声也不绝于耳，我们在每个新的谣言和泄密声中都感受到了市场的震动。2009 年 3 月，奥巴马召集了他的经济团队开会讨论盖特纳已经宣布的计划，因为盖特纳的同事似乎都对他的计划不满意。但他们中又没有一个人能够提出一个可行的方案，能够在不引发恐慌或耗尽不良资产救助计划资金的情况下将银行国有化，正如盖特纳所指出的，有计划总比没有要强。尽管奥巴马的政治基础是希望与布什时代相比有一个大胆的突破，但他最终还是同意了这个方案，比起制定一条激进的新路线，补充和调整已有的稳健计划会更有意义。压力测试的潜在缺点是显而易见的，其并不能保证产生的答案将有助于市场恢复平静。但这里有一种合理的可能性，即迫使整个系统为类似于萧条的事件做好准备，将会降低发生类似萧条事件的可能性，而这种分类将有助于在基本面健康的银行和危入旦夕的银行之间划出一条清晰的界线。

这一切都将取决于压力测试结果。一些怀疑者预计这项测试是一场骗局，美联储会让银行接受一种温和的方案，其动机在于让它们得到一份干净的健康清单。但我们知道如果压力测试看起来不可信，那么不管结果如何，市场都会继续假设最坏的情况。美联储实际应用的场景是相当残酷的，设想贷款损失甚至比大萧条时期的损失还要厉害，房价的下跌比 2009 年的实际情况还要糟糕。盖特纳的财政部同事还提出了一个关键的调整方案以限制等待期的不确定性，将财政部购买资本不足银行股票的价格锁定在 2 月的水平，即使在压力测试结束前股价进一步下跌时也是如此。这种情况被盖特纳的员工称为“盖特纳看跌期权”（Geithner put），这降低了投资者在美联储仍在仔细研究银行账目时逃离银行的动机。

等待的过程仍然是痛苦的，花旗再次摇摇欲坠，财政部不得不主动与一些私营股东达成一项复杂的交易，在不将花旗国有化的情况下增强其资本缓冲。然后，美国国际集团需要另一条不良资产救助计划的救生索，这次是 300 亿美元，恰好发生在其宣布向部分员工支付由纳税人出资的巨额奖金之前，于是引发了整个危机中最为激烈的公众抵制。财政部购买不良资产的公私投资计划的推出，也被抨击为对民营投资者来说是丢脸的无聊之举，尽管它最终也会为纳税人带来一定的收益回报。与此同时，尽管经济形势依然糟糕，并且 4 月底失业率升至 8.9%，但恶化的速度正在放缓。

美联储在 5 月公布了压力测试结果，结果比市场上许多人预期的要好得多。美联储所确定的 19 家最大的金融公司中的 9 家，已经有了足够的资本来承受测试中最为糟糕的情况，其他 10 家总共只需要大约 750 亿美元的额外资本。美联储公布了基础数据以表明它是如何得出结论的，市场认为这些结果是可信的。金融机构违约保险成本迅速下降，私营部门再次恢复对投资银行所需的信心。在一个月内，资本不足的公司筹集到了几乎所有它们需要的资本，以满足压力测试的要求。唯一做不到这一点的公司是通用汽车金融服务公司，因此财政部将以规模相对较小的不良资产救助计划资金注入并填补这一缺口。最终，即使是拯救通用汽车金融服务公司——现在被称为“联盟银行”（Ally Bank），也将会为财政部带来 24 亿美元的收益。直到 2009 年 4 月，国际货币基金组织还预计美国政府将花费 2 万亿美元来救助银行体系。但不良资产救助计划中针对银行和保险公司的资本注入计划最终将为财政部带来约 500 亿美元的收入，总体而言，我们的金融干预将产生更大的直接财务回报，最为重要的是一个正常运转而非崩溃的金融体系所带来的巨大经济效益。

在经历了 20 个月的折磨后，压力测试最终得出了一个有点虎头蛇尾的结论，让市场放心不再会有雷曼兄弟倒闭之类的情况出现。这并不是结束危机的灵丹妙药，而是一系列紧急干预措施的结果，正是这些措施使危机得以结束。美联储大规模的贷款和流动性支持计划，对贝尔斯登、房利美、房地美和美国国际集团的救助，财政部对货币市场基金的担保，联邦存款保险公司对银行债务的担保，以及向银行最初部署的不良资产救助计划资金都是灭火所必需的，尽管这些行动本身都不足以灭火。但如果不是这些干预措施，尤其是不良资产救助计划已经向银行系统注入了价值数百亿美元的资金，以及自危机开始以来我们迫使银行筹集的私营资本，压力测试的结果就不会让市场放心了，而这会让纳税人付出更高的代价。

更为重要的是，如果所有这些修复金融体系的积极举措没有辅以重振整体经济的类似积极举措，那么哥伦布日前后在战略上的重大创新所取得的成果将被浪费和侵蚀。最终，美国政府的全部力量被证明足以扑灭这场大火，但只是勉强而已，少一点都是不够的。

正如不可逆转的金融崩溃会让经济陷入萧条，长期的经济自由落体将迫使金融体系崩溃。我们的金融干预措施只有与2009 年初重振经济需求的积极努力相配合才起作用，这包括：美联储更加大胆的货币政策，奥巴马和国会史无前例的财政刺激，政府对汽车行业的救助，还有一项虽有缺陷但仍有实质意义的举措，其目标旨在重振房地产市场，帮助弱势的房主。我们最终通过动用所有可用的金融和经济武器使局势恢复了正常，而这些武器之所以更强大，是因为它们被共同安排在了一起。

在 2002 年一次带有挑衅性的演讲中，伯南克就提出即使是在零利率下限，当央行已用尽传统经济手段的时候，也可以使用非常规的措施来对抗通缩和经济衰退的压力。但美国经济在 2009 年急需更多的帮助，美联储在 3 月初启动了一项名为

"量化宽松"（QE）的激进货币刺激实验，购买抵押贷款证券，然后购买美国国债，试图降低长期利率，以抗击大衰退。第一轮量化宽松将扩大到美联储 1.75 万亿美元的购买量，并传递出一个诱人的信息，即美联储不会袖手旁观，任由经济停滞不前。伯南克和他的同事在 2010 年和 2012 年宣布了 QE2（第二轮量化宽松）和 QE3（第三轮量化宽松），最终将美联储的资产负债表扩大到 4.5 万亿美元以上，几乎是危机前峰值的 5 倍。大量的学术研究发现，量化宽松降低了长期国债和抵押贷款利率，并帮助支撑了美国经济复苏，它还鼓励其他央行采取类似的计划来支持全球经济增长。

除了美联储货币政策的带动，新一届政府通过 2009 年的《美国复苏和再投资法案》，以大量的财政刺激手段来实现普通民众的经济增长。3 000 亿美元的临时性减税一揽子计划和 5 000 亿美元的新联邦支出（包括对经济衰退受害者的救济），旨在发展提供就业机会的公共工程，同时升级国家的基础设施，向各州提供直接援助，以防止它们增税、削减预算以及加深大衰退。国会共和党人几乎一致反对这项计划，他们抨击奥巴马花钱大手大脚，但是大多数独立经济学家认为，《美国复苏和再投资法案》帮助挽救了就业、促进了经济增长，并在 2009 年 6 月结束了经济衰退。州和地方政府中大多数面临平衡预算的要求，确实也通过增税、裁员和削减支出抵消了其中的部分权力，但该法案帮助推动了美国的经济增长，而其他发达经济体仍在萎缩之中。政府在通常情况下应该尽量量入为出，但当私人需求崩溃时，激进的赤字支出可以刺激经济复苏，这在财政效应上比导致需求进一步降低的政府紧缩支出政策更有效。残酷的经济衰退会使赤字持续多年，刺激方案在短期内增加了赤字，但可以帮助工人重新赚取应税收入，企业再次获得应税利润，这从长远来看可以减少赤字。

国家本可以负担得起这项支出，经济也本可以使用力度更大的刺激方案。但是，参议院只有 60 票支持 8 000 亿美元的议案，而且对于任何更大的项目都没有避免议案受阻的支持。国会中的民主党人不动声色地采取了一系列更为温和的刺激措施，包括削减工资税、扩大失业救济，并向各州提供了更多的帮助，最终又向经济体注入了 6 570 亿美元。奥巴马政府还向一项激进且有争议的汽车业救助计划注入了更多不良资产救助计划资金，该计划迫使通用汽车和克莱斯勒进入破产管理程序，以此作为逾期重组的前奏。总体而言，汽车行业将从不良资产救助计划中获得 800 多亿美元，但最终纳税人的成本仅为 93 亿美元，这对于拯救至关重要的美国制造业来说是一个相对而言很小的代价。2008 年至 2012 年，联邦财政扩张规模（包括自动反周期稳定器以及可自由支配的刺激措施）相当于每年 GDP 的 3.4%。减税和政府转移支付的影响也是渐进式的，几乎完全抵消了收入分配最底层的 40% 的家庭所经历的总收入下降。

盖特纳和他在奥巴马政府的同事还推出了一系列新的计划来支持房地产市场，这些计划的基础是对房利美和房地美进行资本重组，以及美联储降低抵押贷款利率的行动。复苏法案通过立法程序后的第二天，奥巴马总统公布了住房战略措施，包括房贷可负担再融资计划，帮助“资不抵债”的房主为他们的抵押贷款进行再融资，即使他们所欠的债务超过了他们目前的房屋价值；还有房贷可负担调整计划，帮助拖欠房贷的房主调整他们的月供额。保尔森和布什政府已经发起了几次努力来进行私营部门抵押贷款的调整，但由于其必须自愿的性质以及无法获得联邦资金，它们的实施范围受到了限制。奥巴马在不良资产救助计划资金支持下所做的努力被视为一个明显的升级，以至于激发了美国消费者新闻与商业频道（CNBC）的知名记者里克·桑特利在电视上发表了著名的叫嚣演说，他呼吁成立一个新的反政府茶党，以抗议政府救助那些白吃白喝的房主。进步的左派同样强烈地认为，政府对止赎权危机的反应是软弱和迟缓的，这是对于普通民众的背叛。

这些计划的推进速度慢得令人难受，而且效果令人失望。房贷可负担再融资计划在经历了一个冰冷的起步后，最终帮助了 300 多万房主为他们的抵押贷款进行再融资，同时还有近 2 500 万人利用低利率进行再融资而无须政府援助。房贷可负担调整计划是后勤领域的一场噩梦，它们依赖于一个功能失调的贷款服务行业，在这个行业经常会发生丢失文件、无法回复电话等事件，而且经常会对借款人推诿扯皮。盖特纳履职的财政部团队曾考虑从零开始建立自己的服务项目，但被认为没有足够的时间来实施，而且银行不愿在服务基础设施上投资，这些基础设施本来正是它们所需要的，可以确定哪些抵押贷款适合调整，以便于迅速完成交易。房贷可负担调整计划为了防止欺诈，也设有繁杂的合规要求和限制性资格规则，这进一步阻碍了本已烦琐的流程，还要说服银行在没有住房可负担调整计划补贴的情况下对数百万的私人抵押贷款进行重组，而不是去处理政府的繁文缛节。房贷可负担调整计划最终只会直接支持奥巴马所提出的 300 万 ~ 400 万抵押贷款调整计划中的一小部分，但政府和私营部门相结合的调整工作最后惠及了 800 多万房主。

房贷可负担再融资计划和房贷可负担调整计划的困境引起了很多关注，并使许多观察人士相信政府的住房政策已经失败。对住房市场影响最大的联邦政府行动是为房利美和房地美提供 4 000 亿美元的救命钱，在私营资本逃离该领域后，这些资金使抵押贷款信贷保持了流动性。美联储还积极购买抵押贷款支持证券，这有助于将抵押贷款利率保持在较低的水平，并为再融资提供了便利。在房地产崩盘和经济深度衰退之后，减少止赎权的计划设计起来要困难得多。政治是变化莫测的，而且没有简单的方法制订有针对性的计划来帮助经济困难的房主留住他们的房子，而不是把钱浪费在那些不需要帮助，或者即使有政府帮助也永远买不起房子的房主身上。

许多房贷活跃人士的首选方案是“本金削减”计划，该计划将减少资不抵债的房主欠款。但政府不能仅仅强迫银行免除抵押贷款债务，还要为银行自愿这样去做提供足够的激励，而这将会是一种令人难以置信的税收资金低效使用方式。2014 年的《布鲁金斯经济活动报告》显示，如果政府再花 7 000 亿美元来处置美国房地产市场上所有的困境资产，这对整体经济几乎没有影响，个人消费增长也不到 0.2%，而每保留一个岗位估计要花费 150 万美元。相比之下，不良资产救助计划对汽车业的支持为每保留一个岗位仅需花费大约 1.4 万美元。奥巴马政府确实敦促联邦住房金融局对房利美和房地美贷款的本金进行一些有针对性的削减，但这个具有独立性的机构对此项建议予以了抵制。事实证明，与减少抵押贷款本金相比，更有效的方法是减少月供，这是大多数私营机构和公共机构贷款调整所采用的方法。

最终，政府对房贷市场低迷的反应是有效的，从更广泛的意义上说，这稳定了整个住房和抵押贷款市场。如果没有房利美和房地美的国有化，或者美联储和财政部购买了抵押贷款证券，房价将会进一步大幅下跌，数百万美国人将失去家园，经济衰退也将更加严重。旨在帮助个人房主为其住房进行再融资或调整其抵押贷款的计划也覆盖了数百万人，但该计划推进行动缓慢，范围也受到限制。国会从来没有对一项更强有力的房贷战略充满热情，而且盖特纳和奥巴马政府中的大多数人还认为，把更多的钱花在失业救济、基础设施项目、工资税削减和对各州的援助上会产生更大的经济效益。与新一波仅限于针对房主的计划相比，这一计划在公平问题上所引发的窘境会更少。解决经济危机是解决住房危机的必要条件，反之未必成立。长期稳定的经济复苏最终可能是最为成功的房贷计划，房价在大衰退结束后逐渐企稳，也逐步消化了数万亿美元的不良资产，这使得数百万资不抵债的房主摆脱了困境。

复苏的经济使一切都变得更好。美国汽车年销量在2009年暴跌至1 000万辆，但到2015年已回升至危机前的1 700万辆水平。尽管银行对贷款的敏感持续的时间比我们希望的要长，特别是对于潜在的购房者，但对于大多数消费者和企业来说，信贷紧缩已经结束了。失业率从2009年末的峰值10.0%迅速下降到我们撰写本书时的3.7%，2009年初美国经济每季度减少200多万个工作岗位，但在之后连续的97个月里创纪录地增加了1 900万个工作岗位。企业的利润迅速恢复，这要比工资恢复快得多，儿童贫困率也降至历史最低点。与其他国家在此次危机中的衰退或从以往危机中的复苏相比，美国的衰退要轻得多，复苏开始的时间也要早得多。尽管经济复苏不如许多人所希望的那么强劲，但它是却是异常稳定的。

然而，2008年的金融危机造成了巨大的痛苦。它经常被错误地指责为是不平等加剧、工资停滞以及其他经济趋势的罪魁祸首，而这些趋势在被繁荣掩盖之前已经恶化了几十年，但是，数百万人失业、数百万人面临的止赎权，以及数百万家庭挥之不去的创伤，都应归咎于此次危机。我们希望我们能比现在更快地扑灭大火，但我们也感激美国阻止了一场本可能与大萧条相当的经济灾难。

我们仍然非常担心下一场大火时所面临的风险。

结论

下一场大火

我们中的任何人以及我们周围任何有成就的同事都没有经历过这样的危机。尽管伯南克在研究大萧条方面具有很高的专业水平，保尔森对于金融市场具有良好的感知，盖特纳具有处理国外危机的丰富经验，但我们中没有人能确定什么会起作用，什么会适得其反，或者这个体系能够承受多大的压力。我们没有标准的策略手册可参考，也没有关于最佳实践的专业共识。我们不得不摸索着穿过迷雾，有时需要改变我们的策略，有时则要改变我们的想法，而这给结果带来巨大的不确定性。我们所做的许多事情似乎是对最初将世界拖入危机的金融业的奖励。

因此，评论人士倾向于假设和预测最坏的情况是可以理解的，或许这也是不可避免的。批评人士警告称，我们正在为美元的挤兑，或是津巴布韦式的恶性通货膨胀，或是希腊式的债务危机，或是数万亿美元的救市成本，或是由无法挽救的僵尸银行主导的日式体系，甚至是美国自由市场资本主义的死亡而做准备。这一切最终都没有发生，我们相信这不是因为我们的选择，而是在于它们本身。我们很幸运，国会最终扩大了我们的权力，使我们能够实现强有力且有效的反应，也许在某些方面，我们只是幸运而已。用十年的时间来反思美国以及其他国家在这场危机中所发生的事情，我们相信美国采用的战略是正确的。鉴于这个国家所面临的限制和极大的不确定性，我们就像我们所希望的那样去积极塑形，去努力工作。2008 年金融危机所面临的压力表现在这些方面，包括股票价格和房价的下跌，以及产出和就业的下降，这甚至比大萧条的早期阶段还要糟糕，但政府这一次设法阻止了恐慌，稳定了金融系统，重振了信贷市场，并启动了持续到今天的复苏。与以往严重金融危机后的复苏以及其他发达经济体从此次危机中的复苏相比，美国的复苏形势要好得多。

虽然情况本来可能更糟，但这场危机对美国和世界来说仍然是格外有害的。数以百万计的美国人失去了工作、事业、储蓄和住房。2008 年的一个重要教训是：即使应对措施相对积极，而且受益于美国强大的金融实力和信用，金融危机也可能是具有毁灭性的。应对金融危机的最佳策略是没有这样的策略，如果真的有，限制损失的最好方法就是，确保危机管理者在势态变得非常糟糕之前拥有他们所需要的工具。

不幸的是，金融危机永远无法完全避免，因为它是人类情感和认知的产物，也是人类作为监管者和政策制定者不可避免失误的产物。金融依赖信心，而信心总是脆弱的。尽管试图控制华尔街的过度杠杆和冒险至关重要，但这种杠杆和冒险通常反映出整个社会的过度乐观。监管机构和政策制定者也无法幸免于这些狂热，人类天生容易受到非理性繁荣的影响以及对于非理性的恐惧，市场在上涨时会过度上涨，在下跌时会过度下跌。狂热和恐慌似乎都具有传染性。

这并不是在危机来临之前被动或无所作为的理由。尽管没有万能的灵丹妙药可以根除金融危机，但政府官员可以采取很多措施来尝试减少金融系统对于危机所表现出的脆弱性，并降低危机发生的频率和失控的可能。美国政府对 2008 年的大火没有做好充分准备，这有助于解释为什么大火烧得如此之热，为什么控制火势的努力往往看起来如此混乱，甚至为什么这种反应变得如此不受欢迎。更好的准备本可以产生更好的结果。如果监管体系没有那么分散，而是更有能力应对商业银行以外的风险，如果危机管理者一直被授权使用压倒性的力量来避免金融崩溃，如果从一开始就有机制确保金融体系为自己的救助买单，大火也不会那么激烈，灭火措施也会显得不那么前后矛盾和不公平。

十年后，我们要提的关键问题是，美国如今是否做好了更好的准备。我们相信答案是——既是，也不是。首先，我们有更好的防范措施来避免恐慌，这在金融领域相当于更积极的防火措施和更严格的防火建筑规范；但当一场严重的危机真的发生时，政府官员动用紧急权力采取的措施在很多方面甚至比 2007 年的还要弱，这在金融领域相当于装备较差的消防员和关闭的消防站。政府通过货币和财政刺激来应对经济需求崩溃的能力，也就是所谓的凯恩斯主义武器库，也已大大削弱。简而言之，如今的美国经济和金融体系可能不太容易发生小规模的灌木丛火灾，而更容易受到重大火灾的影响，尽管更新和改进了消防法规，但一场大火还是开始了。用一个不同的类比来说，这就好像决策者对一场公共卫生灾难的反应是扩大免疫接种、促进良好的营养，并鼓励每年进行检查，但也决定关闭急诊室并宣布拯救生命的手术是非法行为。

更加坚固的防御体系

值得一提的是，为什么金融体系在2008年危机爆发前如此不安全，因为它现在有助于照亮通往更为安全的道路。同样，基本的问题是风险过高的杠杆、过多容易挤兑的短期融资以及向影子银行转移的过多风险，而这些领域的监管几乎可以说是空白，美联储的紧急安全保护网也无法覆盖到它们。还有太多的大公司由于规模太大、关联度过高而无法在不威胁系统稳定性的情况下倒闭，而且不透明的抵押贷款支持的衍生品的爆炸式增长，已经将房地产市场的健康状况变成了潜在的恐慌载体。与此同时，美国的监管机构已经支离破碎，而且非常过时，没有人对监督和解决系统性风险问题负责。

没有人确切地知道下一场金融危机会是什么样子，但从历史上看，危机都是在过度冒险和举债中遵循着狂热—恐慌—崩溃的模式。危机过后，伯南克和盖特纳认为，最重要的保障措施将是对企业融资所能承受的风险进行更加严格的限制。这意味着要求企业持有更多吸收损失的资本——盖特纳的口头禅是“资本、资本、资本”——同时要减少杠杆，让资本翻转到另一面。这也意味着更保守的流动性要求，迫使贷款方持有更多现金和其他流动资产，同时减少对短期融资的依赖，而短期融资可能会在有迹象表明出现问题时发生挤兑。如果最大的公司拖欠债务，将构成最大的危险，它们在风险承担和融资方面将受到更为严格的限制。最重要的是，新规则必须在整个金融体系中得到更为广泛的应用，不仅是在美国，而且是在全世界，同时以更为灵活的方式在未来进一步扩大这种新规则，以防止风险向监管阻力最小的规则边界之外转移。

奥巴马政府和美联储在努力实现这些目标，与国会就2010年美国《多德－弗兰克华尔街改革和消费者保护法》（以下简称《多德－弗兰克法案》）进行了谈判，同时发动了一项全球性努力来对最大经济体的风险承担施加更为严格的限制。在这些领域，谈判对潜在的危机产生了更为有力的防御功能。《巴塞尔协议Ⅲ》的全球监管体系将银行的最低资本金要求扩大为原来的三倍，而对大型银行的要求则是原来的四倍，同时还需要能够真正吸收损失的高质量资本，以确保全球金融体系拥有更为坚固的减震器。美联储为美国银行制定的标准更加严格。全球范围内对流动性的要求也有所提高，这降低了金融机构对不稳定的隔夜融资的依赖性。在危机之前，未投保的短期负债约占金融体系资产的三分之一，如今这一比例仅为1/6左右。回购市场规模要小得多，融到的资产也安全得多，而回购中风险最高的日内信贷比危机前的峰值下降了90%。

对这些风险承担的限制不仅更加严格，而且范围更广，不仅适用于传统商业银行，还适用于经纪商和其他过去不在正规体系内经营的非银行机构。危机之前，在金融体系中只持有42%资产的公司在杠杆率方面有着严格的限制，而现在这一数字已上升到88%。此外，改革针对的是金融工具、融资市场以及个别公司。例如，《多德－弗兰克法案》要求大多数衍生品在公共交易所公开交易，而不是通过私下谈判交易，这降低了由于不确定哪家公司将面临何种风险而再次引发恐慌的危险。该法案还对衍生品交易、回购贷款和证券贷款施加了更为保守的保证金要求，这是抑制过度投机的另一种方式。从2008年到2015年，平均每日证券贷款额从2.5万亿美元降至1万亿美元。曾给贝尔斯登和花旗等机构带来麻烦的几类高风险融资工具在危机期间被清除，至今尚未出现。

危机后的改革也试图限制大银行倒闭可能带来的破坏更大规模系统性稳定的风险。对最大银行征收的“系统性附加费”要求它们比较小的机构持有更多的资本，以抵御一定数量的风险，降低它们的杠杆能力，增加它们对于损失的缓冲能力。《多德－弗兰克法案》还包括了禁止并购条款，该条款严禁将超过金融体系10%的债务集中在一家银行，同时授权美联储拆分它认为对系统稳定构成严重威胁的银行，此外还要求美联储每年对大银行进行压力测试，以确保它们为最糟糕的经济和金融场景做好准备。2018年，国会两党进行了一些微调，将公司面临自动压力测试的门槛从500亿美元提高到了2 500亿美元，但美联储仍然有权测试它认为存在潜在系统性威胁的任何公司。随着时间的流逝以及记忆渐渐褪色，至关重要的是，让钟摆慢下来所不可避免的压力并不会使危机前就存在的脆弱性重现。但到目前为止，几乎所有《多德－弗兰克法案》的核心内容仍在实施之中。尽管一些批评人士最初抨击该法案招致大规模的越界行为，会削弱金融体系，但事实证明，金融体系足够强大，可以支持持续的经济扩张。

其他批评者抨击《多德－弗兰克法案》改革在较大程度上维持了现状，而不是立即拆分了大银行，他们主张应该恢复大萧条时期的《格拉斯－斯蒂格尔法案》，该法案将商业银行与投机性更强的投资银行分开。那些更激进的措施本来会对国会产生重大影响，但这并不是我们不采取这些措施的原因。我们只是不相信它们会解决危机的根源或降低未来危机爆发的风险。毕竟贝尔斯登、雷曼兄弟、房利美、房地美和美国国际集团都是不会受到《格拉斯－斯蒂格尔法案》影响的非银行机构，而美联银行和华盛顿互助银行则是通过产生不良贷款的老旧传统方式陷入困境的银行。大并不总是坏事，如果摩根大通、美联银行和富国银行的规模没有大到足以在贝尔斯登、华盛顿互助银行、美国国家金融服务公司、美林和美联银行倒闭前吞并这些规模不那么庞大的机构，那么危机会严重得多。规模小也并不总是好事，相对较小的一系列银行倒闭引发了大萧条的再现。无论如何，在《多德－弗兰克法案》实施前的 8 年压力测试中，美国最大的几家银行表现得相当不错。美联储在 2018 年得出的结论是，在一场严重的全球衰退之后，银行仍将拥有更多资本，其损失规模将超过2007年至2009年危机期间的规模，超过危机前的繁荣时期。美国政府问责署于2014年提交了一份报告，该报告是由国会批评人士委托撰写的，他们希望这份报告证明重大的失败问题比以往任何时候都要糟糕，该报告发现最大规模的银行不能再以比小银行低得多的利率贷款，这表明市场不太相信它们的“大到不能倒”。我们本来希望看到对陈旧的金融监管体系进行更多的重组，这是保尔森最初改革蓝图的一个关键要素，该方案计划由美联储负责监控系统性风险，并将几家冗余的机构合并，以形成更有效的一致性和问责性。政治势力范围的争斗是令人畏惧的，这感觉就像是一场有选择性的战争，而不是一场必须进行的战争。美联储在危机过后面临着强烈的反弹，国会无意再赋予它新的权力。《多德-弗兰克法案》建立了一个由财政部长领导的金融稳定监督委员会，该委员会尽管不是一个单独的机构，但至少形成了一个政府部门，负责评估和管控整个金融体系的风险。金融稳定监督委员会确实有权采取行动，将其监测到的系统性风险降至最低，包括将任何金融机构指定为具有系统重要性的机构，因此这些机构将受到美联储更为严格的监管。《多德-弗兰克法案》还通过废除储蓄机构监管办公室，向重组迈出了试探性的一步，该机构正是被美国国家金融服务公司、华盛顿互助银行和美国国际集团所俘获的日常监管者。然而，尽管联邦组织机构序列中的每一个机构都存活了下来，盖特纳最初希望将监管证券市场的美国证券交易委员会与监管衍生品市场的商品期货交易委员会合并，但由于监管这两家机构的国会相关委员会之间在争夺势力范围，这一想法在政治上行不通。

《多德－弗兰克法案》甚至在凌乱的组织结构图中增加了一个机构——消费者金融保护局，它将所有其他监管机构的消费者保护部门合并为一个强大的新型监管警察，并在金融领域发挥作用。创建一个一站式的消费者保护商店是有意义的，因为这项工作经常因为机构内部有其他优先事项而受到冷落。积极打击消费信贷市场的欺诈行为，除了可以帮助普通美国人持有更多的资金外，通过打击造成抵押贷款市场诸多问题的虚假承销和其他掠夺性行为，还可以增强金融稳定。

总之，这些改革减少了危机发生的概率。新的规定已经迫使金融机构，特别是规模较大的金融机构，必须持有更多和更高质量的资本，大幅降低杠杆，以更安全的方式为自己融资，每年的压力测试都要确保它们可以为最坏的情况做好准备。衍生品市场再也不像西部拓荒时期那样无法无天，消费者保护得到了加强，最终设立了一个政府机构来负责监控整个系统的潜在风险。

但是更为健全的规则和更加严格的监管永远无法防止所有的金融危机。提高了警惕的监管机构能够识别出预警信号，尤其是持续的信贷繁荣，但永远无法确定哪些繁荣景象反映出狂热，或者这些狂热何时会转变为恐慌。即使新规则以某种方式跟上了金融市场创新的步伐，它们也不会根除人类的弱点或从众行为，所以它们无法阻止每一波乐观和自满情绪浪潮的长期波动，避免其从矫枉过正转变为信心危机。决策者需要对他们在识别和纠正危险的传染性信条方面的能力保持谦逊，或者需要防止它们引发恐慌。如果泡沫像许多人认为的那样容易识别，投资者就永远不会陷入这些泡沫之中了。

即使是非常充足的资本缓冲、处置意外突发最有力的防御措施，也可能不足以抵御全面的挤兑。正如我们在 2008 年所看到的，资本缓冲似乎是安全而充足的，但突然之间就不那么安全了。美国银行自危机以来筹集的私人资本足以弥补危机期间的所有损失，这是迈向安全的可喜的一步。但是，如果华盛顿强力运用货币和财政刺激措施仍然没有止住经济的大出血，那么这些损失就会更加严重。随着 2008 年的创伤进一步消退，延长的稳定时期可能会鼓励形成新的自满情绪，政策制定者可能会试图降低危机后对于风险承担的限制，在严格的监管范围之外，市场可能会再次很便利地获得大量期限转换融资。提醒大家记住的是，即使资本金要求很低，有多少杠杆风险是在危机前从银行转移出去的。现在，为监管套利寻找新机会的动机更加强烈，监管往往要落后于市场形势的发展。

当然，可以想象到的是，全世界在预测和预防冲击方面会做得更好。各国央行和国际机构已对金融稳定部门大举投资，这些部门尝试通过详尽的“热度图”所展现出的“大数据”来识别危险信号，我们祝愿它们早日成功。但我们怀疑，无论是高科技监控还是审慎监管，都无法完全保护金融体系，使其免受人类似乎与生俱来的想象力缺失和记忆局限的影响。最终，威胁将被忽视，危机将再次爆发。正如纽约联邦储备银行的梅格·麦康奈尔喜欢说的那样，我们花了很多时间寻找系统性风险，但它往往会先找到我们。现在就是政府应对人员需要一张安全网的时候，我们担心美国的安全网比危机前更加千疮百孔了。

虚弱的应急武器库

危机是如何发生的？这是一个复杂的故事，其内容包括风险杠杆、挤兑资金、影子银行、过度证券化和过时的监管。但危机为何变得如此可怕却是一个相对简单的故事，其内容主要是我们必须与之抗争的脆弱陈旧的应急武器库。

2003 年，当盖特纳开始在纽约联邦储备银行工作时，他阅读了纽约联邦储备银行的《末日审判书》[①]，其中描述了“击破玻璃”计划中的紧急权力，但他并没有对此留下深刻的印象。伯南克在 2006 年担任美联储主席时也有过类似的经历，他被要求简要介绍一下应对危机的工具。美联储有较大的权力在有可靠抵押品的情况下向银行放贷，但只有在危机中动

① 《末日审判书》，原指由英王威廉一世制作的书册，是英国土地调查情况的汇编。“末日审判书”这个名字意指它所记录的内容不容否认，犹如末日审判一样。此处盖特纳阅读的《末日审判书》代指纽约联邦储备银行的所有详细资料，包括其面对紧急情况的应急权限。——译者注

用《联邦储备法》第13（3）条紧急权力时，才能向非银行机构放贷，而且即便如此，也只有在潜在借款人接近或超过无法还款的水平时才能向这些非银行机构放贷。这个权力的权威性出人意料地受到了限制，例如，购买金融资产的权力仅限于美国国债，以及由房利美和房地美担保的低风险证券，而其他央行可以购买风险更高的证券，在某些情况下还可以购买股票。正如保尔森所了解的那样，财政部实际上并没有常设的权力来干预危机，这确实是一个问题，因为系统性危机并不会逐渐消退。如果政府不采取行动以主权信贷取代私人信贷，同时假定市场无法承受这样的损失，那么就没有办法平息严重的恐慌。因为没有一家私营机构能够为百年一遇的洪水提供自我保障。

美联储将其最后贷款人制度延伸到了权力所及边缘，事实证明，它是向资金紧张的机构提供流动性支持以及支撑摇摇欲坠的信贷市场的有效工具。但在一场真正的系统性危机中，传统甚至非常规贷款都无法奇迹般地恢复人们对陷入困境的公司或不良资产的信心。美联储还重新解释了其紧急贷款授权，该办法以创造性的方法来避免贝尔斯登和美国国际集团的灾难性崩溃，但这些最后的救援行动也没有恢复人们对金融系统的信心，因为政府无法让投资者和债权人确信其他大公司不会面临类似的崩溃局面。沃尔特·白芝浩提出了强有力的论据，说明为什么央行应该在有良好抵押品的情况下向可行的公司放贷。这场危机说明了白芝浩的理论具有一定的局限性。我们不得不在危机最严重的时候向国会要求我们需要的权力，以便对濒临破产的公司进行资本重组。即使在那时，仍需要时间和透明度来向市场保证不再会有发生挤兑的理由。

我们相信如果在危机开始时就具有这种权威，即使我们小心行事并受到限制，我们也可以通过旨在恢复整个体系信心的干预措施，采取更有力、更迅速和更为全面的行动。相反，我们不得不在很大程度上依赖于美联储更为有限的流动性工具和临时性救助，这让我们无法在危机面前脱身。

金融危机之后，盖特纳和伯南克希望保留我们用来稳定体系的新权力，并为最早的危机响应者争取更多的权力，以便在未来的危机中有序地关闭具有系统危险性的机构。奥巴马政府还提议为联邦存款保险公司提供更强大的担保权力，以降低雷曼兄弟式破产的可能，并减少美联储对贝尔斯登和美国国际集团等个别公司实施一次性救助的必要性。但不良资产救助计划的授权已经过期，国会最终版本的《多德－弗兰克法案》阻挠而不是增强了政府的灭火工具。联邦存款保险公司在危机期间所拥有的较大担保权力被剥夺了，尽管这种工具是极为有效的。美联储根据第 13（3）条向个别非银行金融公司放贷的紧急权力也是如此境遇，美联储保留了第 13（3）条中的如下权力：可以向更广泛类别的机构提供贷款，就像它为一级交易商所做的那样；支持重要的融资市场，就像它对商业票据所做的那样。但与以前相比，它的谨慎程度和风险承担能力都有所下降，例如，国会限制了美联储判断其贷款何时得到满意担保的自由裁量权，这使得央行在未来紧急情况下更难接受高风险抵押品。对于任何可以被理解为未来救助计划的事情，也根本得不到任何政治支持。

总的来说，未来的危机管理者在采取行动支持金融体系方面的权威性和灵活性将不如我们。国会剥夺了财政部使用外汇稳定基金提供担保的权力，尽管这一权力保护了普通美国人的储蓄，并在主要储备基金跌破净值而造成货币市场基金崩溃时，为很多美国企业提供了至关重要的短期融资。国会还限制了行政部门与美联储一起承担信贷风险的能力，就如同它们限制通过定期资产支持证券贷款工具来支持消费信贷市场一样。《多德－弗兰克法案》甚至削弱了美联储传统的最后贷款人制度，增加了信息披露的相关规定，无论在透明度方面有什么益处，这都会增加贷款人从美联储获得贷款的潜在负面影响，从而使美联储在未来的危机中更难向金融体系注入流动性支持。

《多德－弗兰克法案》创造了一项更为重要的新的灭火工具——“有序清算授权”（Orderly Liquidation Authority, OLA），该工具为濒临破产且情况复杂的公司建立了类似破产的机制，允许清算管理人在不引发混乱崩溃的情况下对这些企业进行清盘，就像联邦存款保险公司为规模较小和较简单的银行所做的那样。我们在危机期间无法做到这一点是一个令人沮丧的原因，雷曼兄弟破产的那个周末就是这场灾难的源头。美联储不得不扩大其放贷权限，以避免贝尔斯登的混乱性倒闭，这种干预之所以奏效，只是因为摩根大通有能力承接贝尔斯登的债务，而当我们无法为雷曼兄弟找到类似的买家时，我们也就没有了可以求助的对象。危机管理的目标不应该是防止所有的倒闭，而是防止具有系统影响性的公司在一片恐慌走向的失控性倒闭。一个精心设计的处置授权机制可能是避免混乱的一种良性方式，同时有助于确认没有一家金融机构是“大到不能倒”的。

在这个新的处置授权机制投入使用之前，我们并不知道其效果如何，我们三个人也不完全同意其预期承诺目标。我们当然不想忽视新的处置授权机制的重要性，或者相关的“生前遗嘱”，这些遗嘱由具有系统重要性的公司在发展兴盛时起草，以帮助政府在公司发生危机时将其清盘。但公平地说，与其他公司也处于危险之中以及整个系统处于恐慌边缘相比，新的授权机制在其他稳定的环境中防止雷曼兄弟式的破产可能更为有效。

总体而言，虽然美国比危机前有更强的防范恐慌发生的保障措施，但它在应对恐慌时的应急权力较弱。危机管理者没有权力不经国会批准就注入资金、为债务提供担保或购买资产。与此同时，美联储失去了救助单个企业的能力，其贷款能力也面临新的限制，而财政部也失去了利用外汇稳定基金提供担保的能力。这一切都是以避免政府救助的名义进行的，这当然是一个有价值的目标，但避免政府救助的更好方法不是妨碍危机的首要响应者，而是首先要避免危机的发生。最终，风险往往会绕过设计最好的安全防范措施，这也是赋予危机管理者权力的原因，他们需要压倒性力量以做出应对。你不能希望通过关闭消防站来灭火。

当然，当一场金融浩劫真的到来时，国会将有权撤销对危机管理者先发制人施加的限制。但在非议会制民主国家，这说起来容易做起来难，因为在这类国家，立法改革需要得到来自总统及众议院的支持，以及参议院中防止阻挠议案被通过的大多数议席的支持。至少在危机爆发的时候，金融灭火者们将不得不遵循我们的曲折道路，并消耗时间、精力和政治资本来获得他们灭火所需的车辆和水管。这有可能会进一步加剧危机，最终增加纳税人和经济体的成本。我们很难看到现在美国出现严重的两极分化的政治局面，但我们相信在最重要的时刻，两党会就不受欢迎但非常必要的行动达成共识。

尽管危机和随后的经济衰退很糟糕，但如果美联储、国会和相关部门没有发起大规模的货币和财政刺激措施，阻止经济收缩并帮助经济复苏，情况可能会更加糟糕。2008 年的另一个关键教训是：如果经济崩溃，即使是稳定金融体系的激进措施也不会生效，而如果金融体系崩溃，振兴经济的激进措施也不会失效。应对危机的手段和宏观经济政策必须协同实施，而政府抑制金融危机强度的能力取决于其宏观经济的回旋余地。

幸运的是，美国的凯恩斯主义武器库在危机前储备相当充足。美联储有足够的空间来降低利率和推行其他扩张性的货币政策，而政府中的其他部门有足够的预算空间来实施扩张性的财政政策，如减税和增加政府支出。凯恩斯主义武器库如今看起来则要受限得多，这可能是严重危机中的一个重大障碍。虽然美联储逐渐提高了利率，这将有助于补充其在上次危机中所部署的货币弹药，但是华盛顿的行政官员们在理应筹集更多资金时却浪费了财政弹药。

在货币政策方面，美国在联邦基金利率为 5.25% 的情况下陷入了危机，按历史标准来看并不高，但轻松地高于零下限。伯南克已经暗示，当联邦基金利率触及零下限时，他愿意采取非常规行动来支持萎靡不振的经济。在危机爆发的最初几个月，美联储可能有点过于犹豫不决，但在 2008 年初，它的降息速度比任何其他国家的央行都要快很多。在那年秋季最为黑暗的日子里，美联储将利率下调至零利率下限，并将利率维持在该水平长达 7 年以支持经济复苏。美联储的三轮量化宽松政策也为经济增长提供了重要的动力，帮助美国经济经受住了包括欧洲主权债务危机在内的一系列负面事件的影响，而没有再次陷入衰退。美联储购买抵押贷款支持证券对房地产市场的复苏是至关重要的。

伯南克的继任者珍妮特·耶伦和杰罗姆·鲍威尔已经开始逐步清理美联储通过量化宽松积累的 4.5 万亿美元证券，当我们写下这些文字的时候，利率已经慢慢地超过了 2%。然而，即使货币政策回归中性立场，当前利率也会比过去低一些。如果是这样，美联储在经济衰退时就没有那么大的空间通过降息来放松政策，而这可能会对未来应对危机或衰退的努力形成障碍。

在财政政策方面，上一次危机爆发时，联邦赤字仅占GDP的1%左右。一旦大衰退开始，赤字数额就会急剧增加，税收收入也会随之萎缩，但美国仍有相当数量的财政能力，在不破坏长期预算的情况下通过短期扩大赤字来支持经济增长。后来确实是这样做的，保尔森在危机初期谈判达成的1 500亿美元减税计划、奥巴马提出的8 000亿美元的经济复苏法案以及一系列规模较小的后续刺激措施，这些加起来超过GDP的10%。尽管部分联邦刺激措施被州和地方的预算削减及增税所抵消，但我们认为华盛顿在复苏开始后过快转向了财政紧缩。非常明显的是，政府向经济血液中注入肾上腺素将有助于结束衰退并逐步启动经济复苏，同时有助于避免金融体系的崩溃。在危机期间迅速膨胀至1万亿美元以上之后，财政赤字随着紧急情况的缓解而回落到了最初的实际水平，金融救助资金得到了偿还，经济也出现了反弹。国会还提高了税收水平，同时降低了政府支出的增长率。但年度赤字现在再次飙升至1万亿美元以上，这是由于在没有限制政府支出的情况下进行了大规模减税。随着人口老龄化给未来的福利性债务所带来的额外压力，美国可能会面临不可持续的巨额长期赤字。公众持有的联邦债务已经从2001年占GDP的31%上升到今天的76%，仅利息一项每年就要花费3 000多亿美元。当下一次危机，甚至是普通的经济低迷来临的时候，税收收入将下降，赤字会进一步恶化。政策制定者将发现，无论是在政治上还是在经济上，要赶上10年前的强力反应都将困难得多。换句话说，财政肾上腺素的使用可能会在最需要的时候受到限制。

要想将美国的宏观经济实力恢复到可能有助于结束另一次危机的水平，将需要很长一段时间来减少在政策选择方面的挥霍以及建立良好的经济环境。现在即使是一场温和的衰退，也可能会使华盛顿在应对金融危机，或在升级基础设施、解决阿片类药物流行、应对气候变化、稳定社会保障，或为工薪家庭提供永久性减税方面，没有多少财政方面的回旋余地。早在 2008 年危机之前，美国就一直在应对收入不平等加剧、中产阶级不安全感以及其他经济挑战，但危机使这些问题变得更糟，不可持续的预算赤字可能会抑制我们应对这些问题的能力。

如今的金融系统似乎更强大，经济在某些方面似乎也更加稳定了。银行更加安全，提供了经济增长所需要的信贷。但这个世界充满了风险。虽然极端的危机是罕见的，但总有一天它会到来。尽管华盛顿陷入了嘈杂的僵局状态，但现在是填补 2010 年改革空白并为最坏情况做好准备的最佳时机，这也是确保最坏的情况不会发生的办法。正如中国哲学家和军事战略家孙子所说的那样："无恃其不来，恃吾有以待之。"

做什么

对于我们来说，这场危机仍然好像昨天才刚刚发生，我们就如同许多生活和生计因这些事件而受到破坏的美国人一样。但市场的记忆是短暂的，正如历史所证明的，长期的信心和稳定可能会产生过度自信和不稳定。在灾难发生后看似必要的规则，在较为平静的时期开始变得繁重起来。

敌人正在被忘却。目前的监管负担并没有阻止银行享受健康的利润，也没有阻止银行向家庭和企业发放创纪录金额的贷款，但金融业正在努力推动放松监管。我们认为，额外金融改革的第一条规则应该是希波克拉底誓言式的，首先是不伤害任何人。我们应该谨慎行事，甚至在我们对一些后危机时代的改革进行完善的同时，也不能让最有力的危机防御措施被大规模削弱。当形势好的时候，倒退的危险似乎真是可以忽略不计的。

但是，最严重的金融危机代价可能是如此之大，以至于我们应该认真推动并采取更为强有力的措施，做到既要防止危机发生，又要在危机发生时减轻损害。正如我们早期在救助房利美和房地美的建议中所学到的那样，很难在危机未爆发的情况下让政治家们采取系统的行动。在风平浪静的时期，政客们尤其不愿赋予中央银行和财政部足够的权力来应对未来的动荡，就好像消防站的存在暗示了可能会引发火灾一样。但是在引发火灾前就给予消防队员他们需要的消防权力会更安全。风险如此之高，以至于华盛顿应该在金融稳定走到危急状态之前，将其视为一种危急状态。

在危机预防方面，新的资本、杠杆、流动性和保证金规定比危机前到位的保障措施要强得多，改革者面临的主要挑战将击退对这些规定的削弱。一个相关的挑战是，随着时间的推移，市场参与者将适应新的规则，将风险转移到似乎更为宽松的监管领域，因此，监管机构也需要酌情调整。与其他主要经济体相比，商业银行在美国金融体系中所占的比例仍然较小，所以需要保持警惕，以确保高风险的杠杆不会转移到新的监管宽松区域中。下一场战争的展开方式不太可能与上一场的完全相同，因此至关重要的是要确保监管机构具有足够的灵活性，以便在新的风险出现时可以及时实施监控。

分散化的金融监管体系也可以利用改革机会，以减少职责重叠的冗余机构之间的地盘之争。我们意识到重组对国会来说将是一个沉重的负担，但更合理的监管结构可能有助于防止未来的雷曼兄弟、美国国际集团和华盛顿互助银行从监管裂缝中跌落。不过在其他方面，金融防火的状况还算不错。

正如我们在本章中所强调的，我们更担心的是装备落后的金融消防队。我们知道，公众并没有叫嚣着让我们的继任者更容易地去救助银行，但剥夺金融救助者的权力并不会阻止金融救援。这只会耽误他们，让他们付出更多的代价。

在某种程度上，华盛顿需要鼓起勇气用帮助结束 2008 年危机的工具重新储备应急武器库，危机管理者有权向银行注资，购买它们的资产，尤其是为它们的债务提供担保，这是政府平息恐慌的最有力武器。联邦存款保险公司在处理商业银行时已经拥有了这些权力中的大部分，我们应该研究如何将它们扩展到任何从事期限转换的机构。《多德－弗兰克法案》的决议授权也需要加强，这样当大型复杂的银行濒临破产时，联邦存款保险公司就可以处置它们的债务，同时有序地将其清算，这可能会给纳税人造成一些短期损失，但联邦存款保险公司可以在危机结束后从该行业中弥补这些损失。相比之下，在危机中对债权人强制进行估值折扣可能会加剧系统性恐慌，拖累更多的公司，最终会给纳税人造成更大的损失。确保冒险者为他们的冒险行为付出代价以遏制冲动是可以理解的，但要求危机管理者在危机肆虐时承担这个代价只会让结束危机变得更加困难。

联邦存款保险公司的模式之所以如此见效，是因为它要求金融机构在危机来临之前前瞻性地向保险基金支付款项。这清楚地表明，如果稳定系统的代价最终比预期的要高，该行业最终将为此买单。我们希望国会采取一种能够适用于更广泛金融体系的类似保险模式，这样危机管理者对于置于风险之中的财政资金可以有回旋空间，同时保证任何短缺最终都将由金融机构而非纳税人来偿还。我们不会天真到认为这将解决金融危机管理中的政治问题。政府平息金融恐慌的努力总是容易受到攻击，因为这被认为是对不负责任的投机者提供毫无根据的救助。但金融业将要承担所有金融救助成本的预先法律授权，至少可以减轻这些担忧。我们在实践中确实做到了这一点，因为我们的做法基本上迫使金融体系为我们所提供的保护买单，但如果这一原则事先明确并且得到理解，情况会更好一些。

最后，我们希望既然现在局势良好，华盛顿将利用这一机会在下一场危机之前修复其顶层经济体系。这将从对财政责任的新承诺开始，因为当前这种“先苦后甜”的减税做法，在经济繁荣时期增加了政府支出，而这将造成在经济低迷时期不能再提供财政刺激。但是，我们也应该采取措施解决长期存在的结构性问题，包括日益扩大的收入差距，这破坏了我们的经济与民主体制的健康发展。我们需要找到更多的路径让更多的美国人参与国家经济成功的发展。这不仅是一个正确的做法，而且是一个更为强大的经济为各行各业的人带来更多机会和繁荣的途径，这将使这个国家做出更好的准备以抵御经济体难免遇到的冲击，包括金融冲击。

不幸的是，分裂和瘫痪的政治体系似乎很难未雨绸缪，无法对未来做出艰难的选择。十年前，我们确实看到民主党人和共和党人把政治和意识形态分歧放在一边，将国家从灾难中拯救出来，这强化了一种信念，即美国在面临危机时，而且只有在面临危机时，才倾向于采取必要的行动。但这在当时很难做到，在未来的危机中可能更难做到。我们对于下次危机来临之前要面对的困难应有一个清醒的认识。

然而，目前对紧急政策武器库的各种限制对美国来说是危险的，考虑到美国金融体系和美元的全球重要性，这对世界来说也是危险的。我们可以做得更好，而且利害关系如此之大，以至于即使做得更好一点，也可以在改善福祉方面带来巨大的好处。没有比现在更适合开始的时间了。

致 谢

这本书的出版得益于许多人的帮助。迈克尔·格伦沃尔德（Michael Grunwald）提供了不可估量的帮助。企鹅出版集团负责本书的编辑斯科特·莫耶斯（Scott Moyers），在出版的全过程中一直在精心呵护此项目，对此我们向他致以诚挚的谢意。还要感谢德博拉·麦克莱伦（Deborah McClellan）的编辑指导、莫妮卡·博耶（Monica Boyer）的信息核实，以及鲍勃·巴尼特（Bob Barnett）提供的法律咨询。当回顾危机给我们带来的教训时，安德鲁·迈特里克（Andrew Metrick）和戴维·韦塞尔（David Wessel）提供了有价值的深入的见解。这些图表是在盖特纳和梁内利（Nellie Liang）的领导下，以及埃里克·达什（Eric Dash）、塞思·费斯特（Seth Feaster）、本·亨肯（Ben Henken）、艾丹·劳森（Aidan Lawson）和德博拉·麦克莱伦的贡献下共同合作的成果。

金融危机图示：
美国的应对策略及成果

简　介

2007—2009 年的全球金融危机和大衰退是美国几代人以来所遭遇的最严重的冲击。房地产泡沫的形成和破灭、随之而来的金融恐慌、危机造成的经济灾难，以及美国和各国政府的许多机构为了防止出现大萧条 2.0 版本所采取的手段，都已经并且继续被众多论著书写。不过，这些故事也可以用图表的方式来讲述，因为这正是这些图表的目的所在。

迅速成为焦点的是，随着危机越发严峻，政府的反应也随之升级。虽然 2007—2009 年这场悲惨危机的种子已在数十年前种下，而且最初美国政府确实行动迟缓，但美联储、财政部和其他机构的联合行动却是有力、灵活且有效的。随着损失逐步显现，联邦监管机构大大扩展了它们的危机处理手段和工具，从传统的、国内的措施，转向创新的乃至国际范围的行动。随着恐慌的蔓延，它们也在努力扩展以平抑恐慌的趋势。最终，政府成功稳定住了整个体系，重启了关键的金融市场，并限制了对经济所造成的损害的程度。

没有任何一种图表合集——即使密集如本书——能够完整复盘危机爆发时的复杂程度与所有细节，以及政府的干预举措。但是本书呈列的所有数据，抓住了美国经济有史以来最糟糕经历的核心特征，当然还包括政治上不受欢迎，但事实验证最终正确了的政府应对策略。

专有名词缩略表

ABCP	资产支持商业票据
ABS	资产支持证券
AMLF	资产支持商业票据货币市场共同基金流动性工具
CAP	资本援助计划
CDCI	社区发展资本计划
CDS	信用违约互换
CET1	核心一级资本
CPFF	商业票据融资工具
CPP	资本认购计划
DGP	债务担保计划
DIF	存款保险基金
EESA	2008年经济稳定紧急法案
FDIC	联邦存款保险公司
FHA	联邦住房管理局
FHFA	联邦住房金融局
GDP	国内生产总值
GSEs	政府出资企业
HAMP	房贷可负担调整计划
HARP	房贷可负担再融资计划
HUD	美国住房及城市发展部
Libor-OIS	伦敦银行同业拆息-隔夜指数掉期利率

MBS	抵押贷款支持证券
MLEC	超级流动性增强管道
MMF	货币市场基金
NBER	美国国家经济研究局
PDCF	一级交易商信贷工具
PPIP	公私合作投资计划
QE	量化宽松
SAAR	经季节性调整的年变化率
SBA 7(a)	小企业管理局 7(a)证券购买计划
SCAP	监管资本评估项目
SDR	特别提款权
SPSPAs	高级优先股购买协议
TAF	定期拍卖工具
TAGP	交易账户担保计划
TALF	定期资产支持证券贷款工具
TARP	不良资产救助计划
TLGP	暂时流动性担保计划
TSLF	定期证券借贷工具

危机的前因

在危机爆发前的几年里，

美国经济的潜在表现在一些重要方面受到了损害。

危机的前因

由于生产率和劳动力的增长在危机前十年已经逐渐放缓，潜在的经济增长率也在下降。

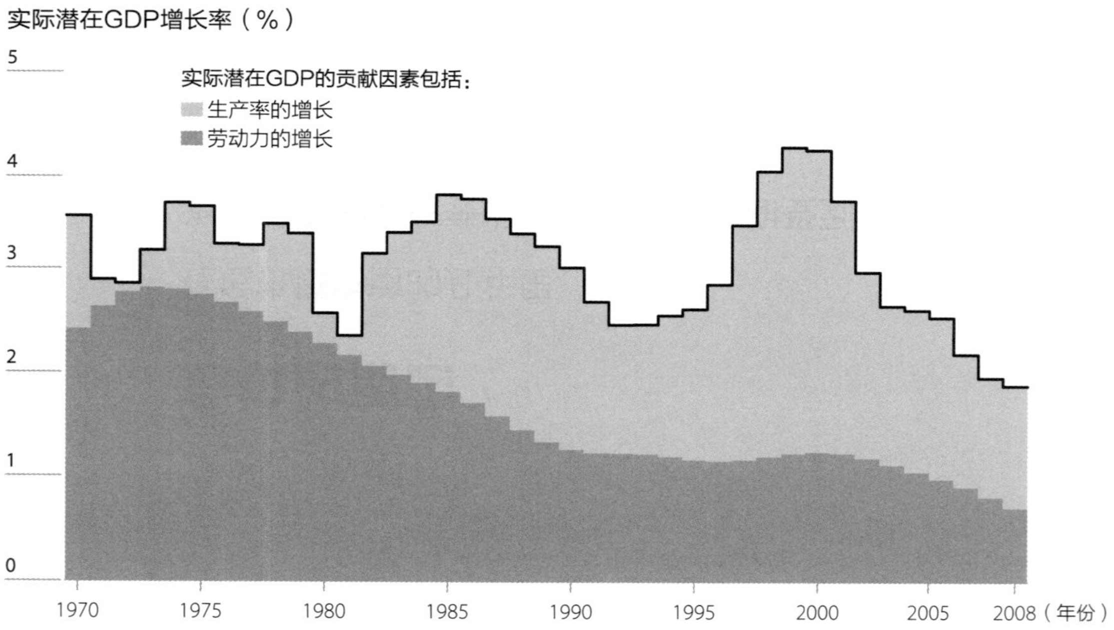

来源：美国国会预算办公室，《经济展望更新：2018—2028年》；作者的计算结果。

危机的前因

随着适龄女性劳动参与率的增长减缓，以及适龄男性劳动参与率持续数十年降低，整体的适龄劳动参与率也一直在下滑。

25~54岁的民众劳动参与率， 以1990年1月的指数=100为基准

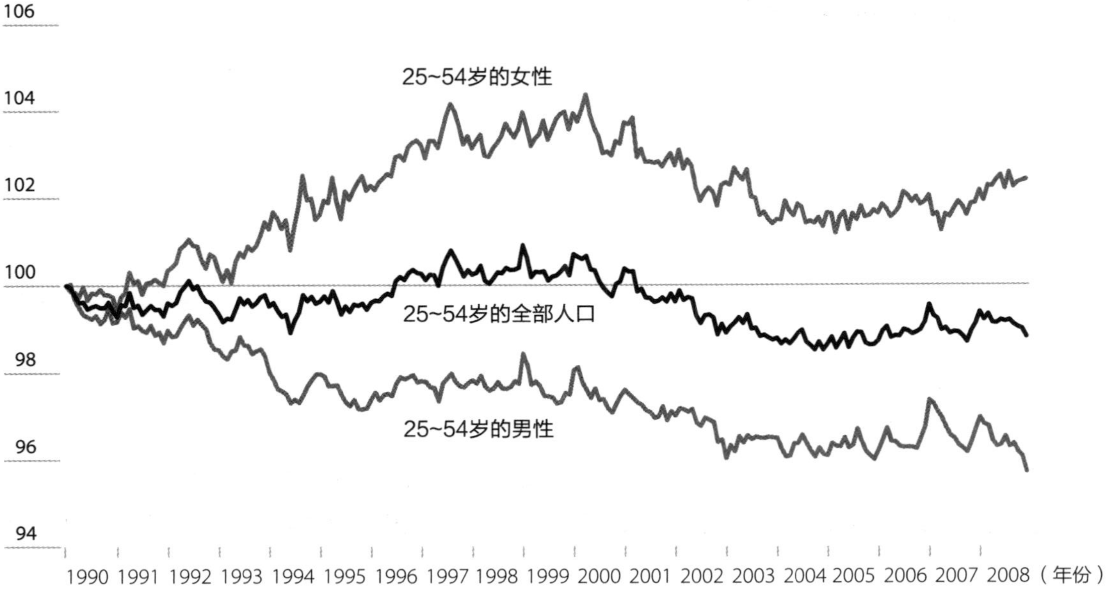

来源：美国劳工统计局，来自哈佛分析公司（Haver Analytics）。

危机的前因

前1%的人群收入急剧增长，造成了20世纪20年代以来从未出现过的收入不均等状况。

1979年以来，先于财富转移和税收，按收入分组的平均收入累计增长率（%）

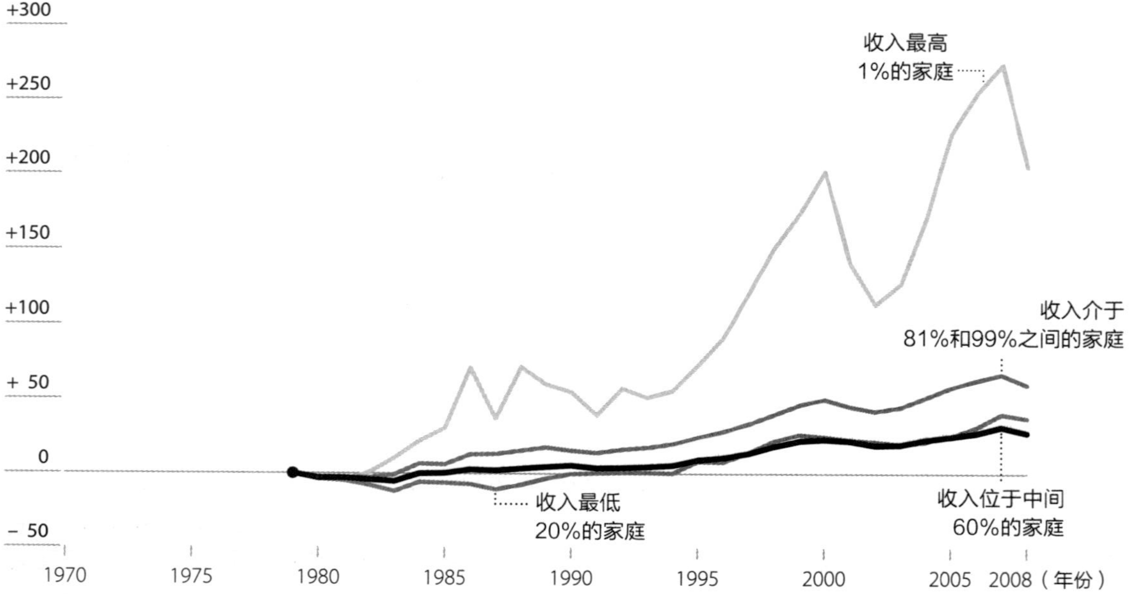

来源：美国国会预算办公室，《2014年家庭收入分配》。

与此同时，金融体系变得越来越脆弱。

危机的前因

银行亏损相对较少的“平静期”延续了近70年，这造成了一种虚假的繁荣感。

商业银行的两年期贷款历史损失率（%）

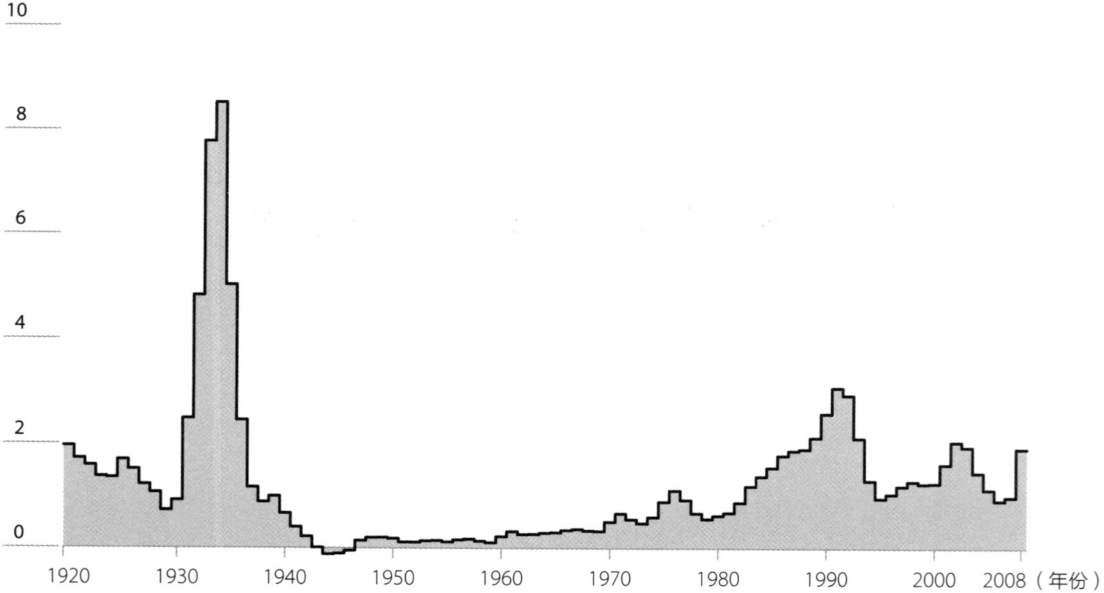

来源：联邦存款保险公司，联邦储备委员会，国际货币基金组织。

危机的前因

“大稳健”时期（1985—2005年）—— 20年间的经济表现更加稳定，伴随着持续时间更短、影响更小的经济衰退和更低的通货膨胀，增加了我们的过度乐观情绪。

季度实际GDP环比变化率（%）

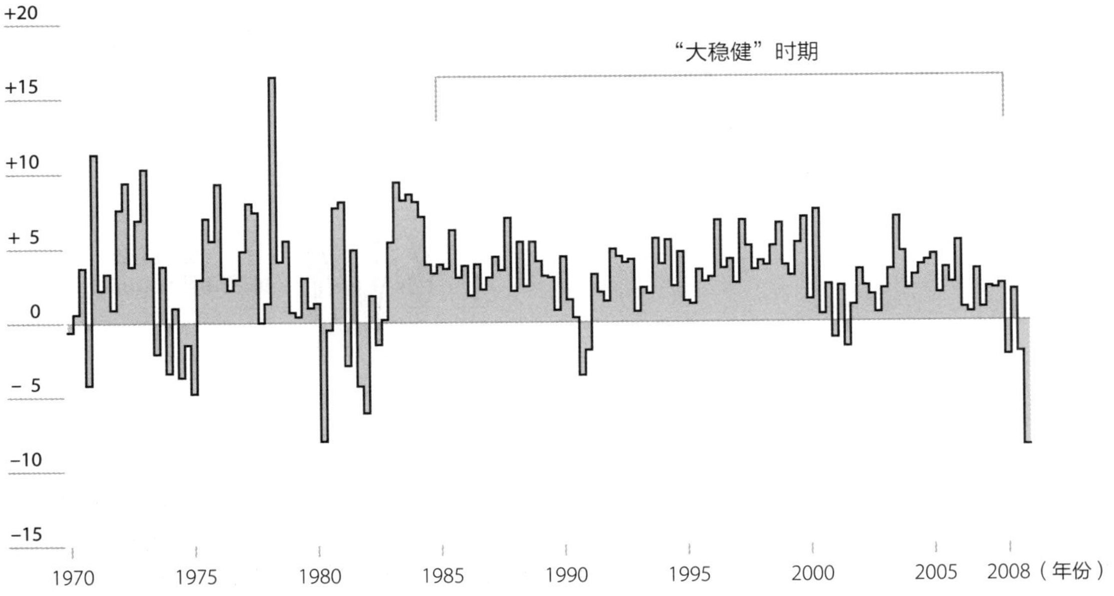

来源：美国经济分析局，采用美联储经济数据（FRED）。

危机的前因

数十年来，长期利率一直在下降，这反映了通货膨胀的疲弱、劳动力的老龄化以及全球储蓄的增加。

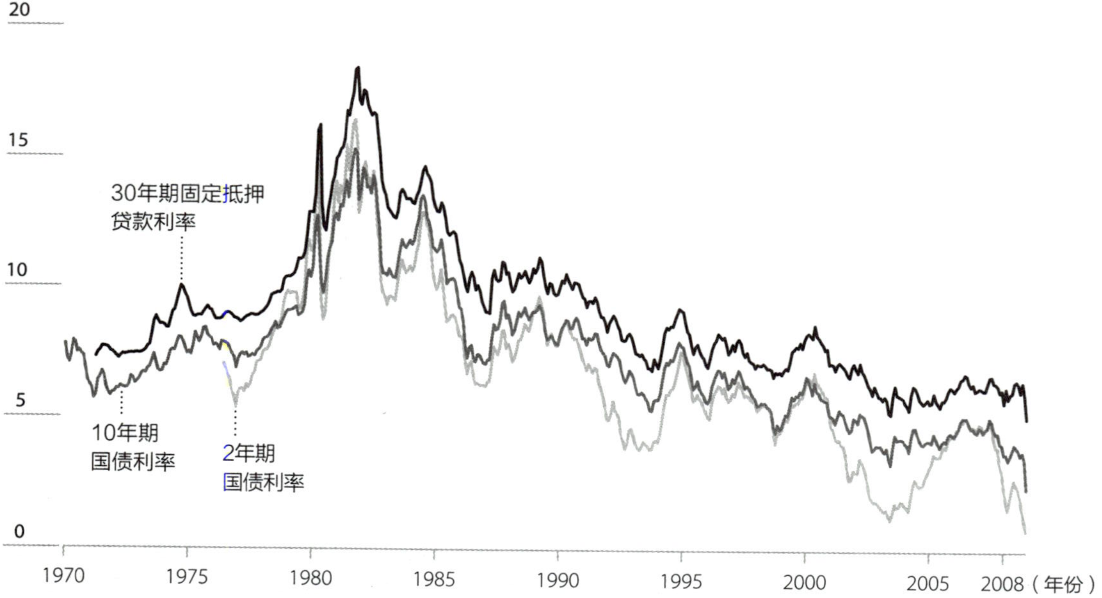

来源：联邦储备委员会、房地美初级抵押贷款市场调查，采用美联储经济数据。

危机的前因

近十年来，美国全国范围内的房价一直在快速上涨。

自1890年起，真实的房价指数变化百分率（%）

来源：美国房屋价格及相关数据，《非理性繁荣》，罗伯特·希勒著。

危机的前因

家庭债务占收入的比例上升到惊人的高点。

全部家庭债务占可支配个人收入的比例（%）

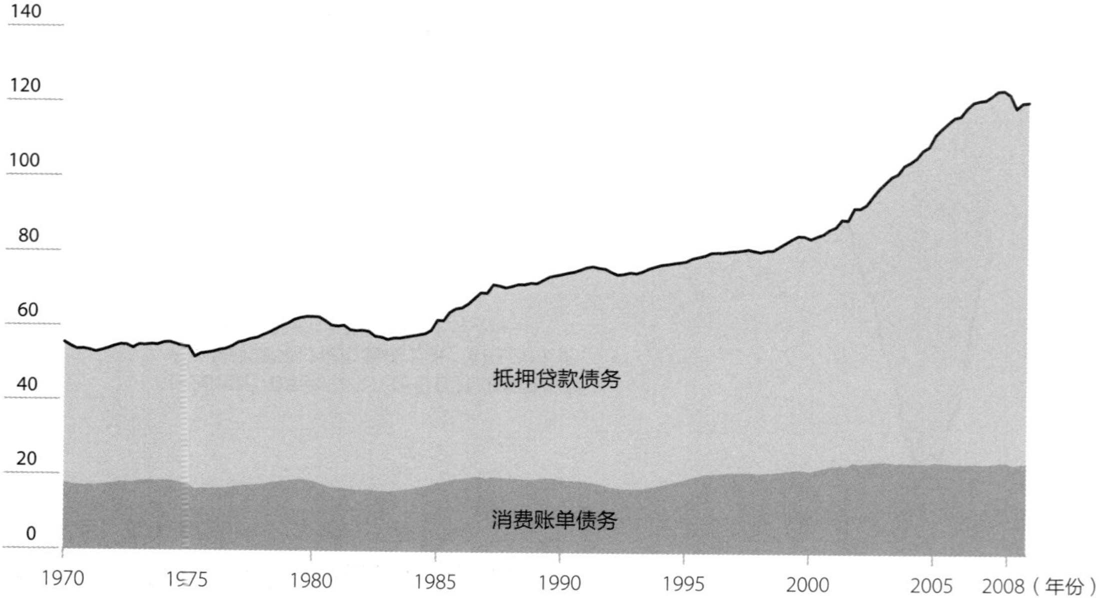

来源：美国联邦储备委员会——美国金融账户，基于Ahn等人的研究(2018年)。

危机的前因

信贷和风险已经转移到了银行监管系统之外。

按照持有人分类的，未清偿的信贷市场债务额占名义GDP的比例（%）

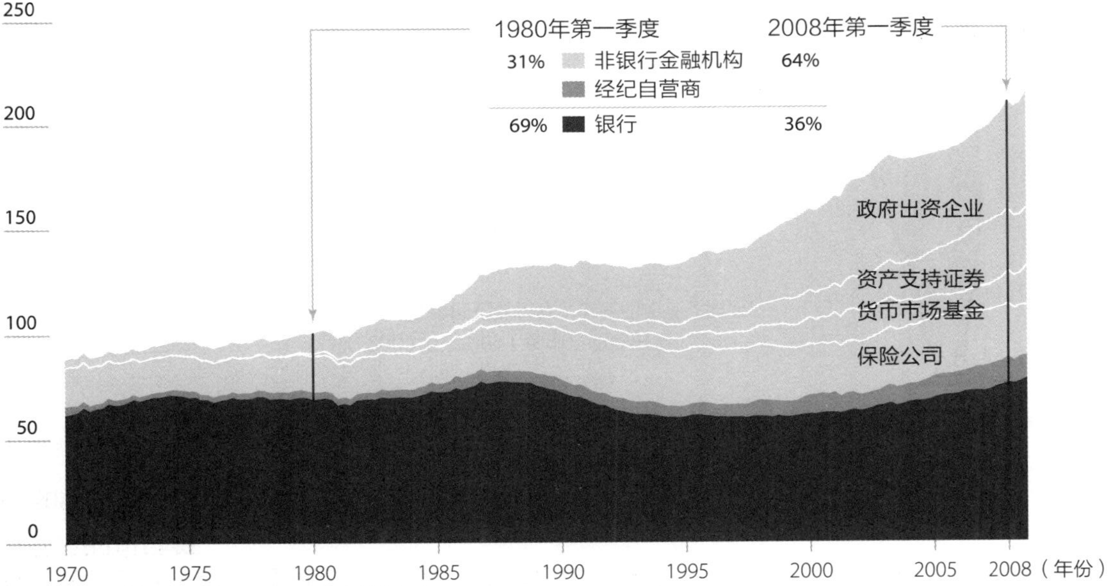

来源：美国联邦储备委员会——美国金融账户。

危机的前因

短期负债融资所构成的金融资产数量也大幅增加，这进一步增加了脆弱的金融体系面临挤兑的可能性。

向银行和经纪自营商提供的净回购资金数额（万亿美元）

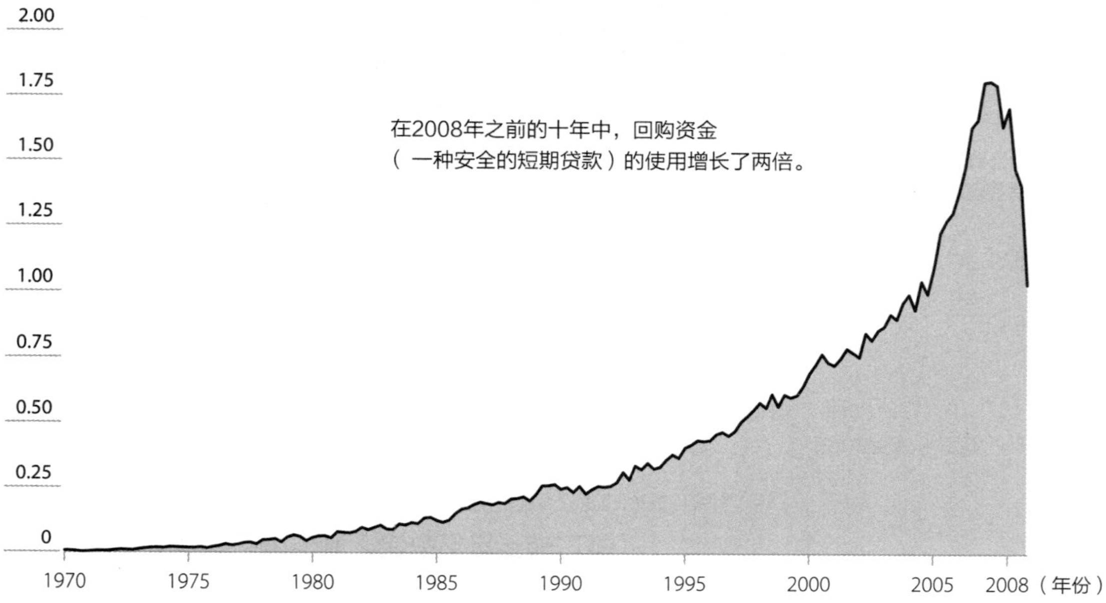

来源：美国联邦储备委员会——美国金融账户。

危机的轨迹

危机的轨迹

金融危机划分为几个阶段。

银行信用违约互换息差和伦敦银行同业拆息–隔夜指数掉期利率息差（个基点）

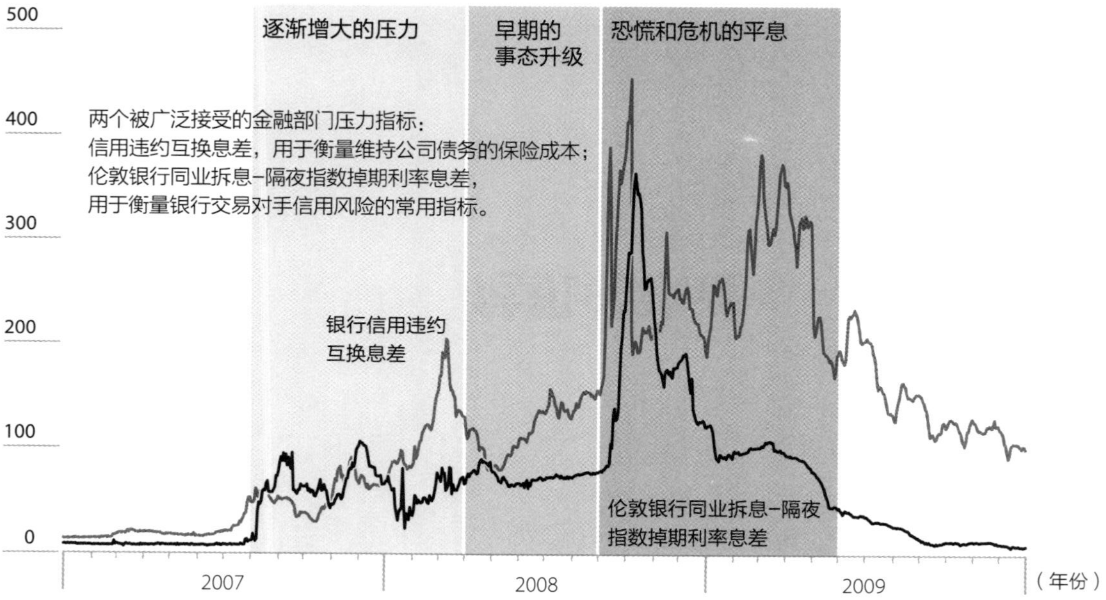

来源：伦敦银行同业拆息–隔夜指数掉期利率：彭博财经；银行信用违约互换息差：彭博财经，埃士信–马基特公司（IHS Markit）。

注：信用违约互换息差是摩根大通、花旗集团、富国银行、美国银行、摩根士丹利和高盛的平等加权平均值，伦敦银行同业拆息–隔夜指数掉期利率息差是3个月期伦敦银行同业拆借利率与3个月期美元隔夜指数掉期利率之间的息差。

危机的轨迹

2006年夏季美国的房价达到顶峰，然后迅速下跌。截至2008年3月，8个主要城市房价的跌幅已经超过20%。

从2006年7月的全美峰值开始，未经季节调整的标普核心逻辑凯斯–席勒房价指数在20个城市以及全美的变化（%）

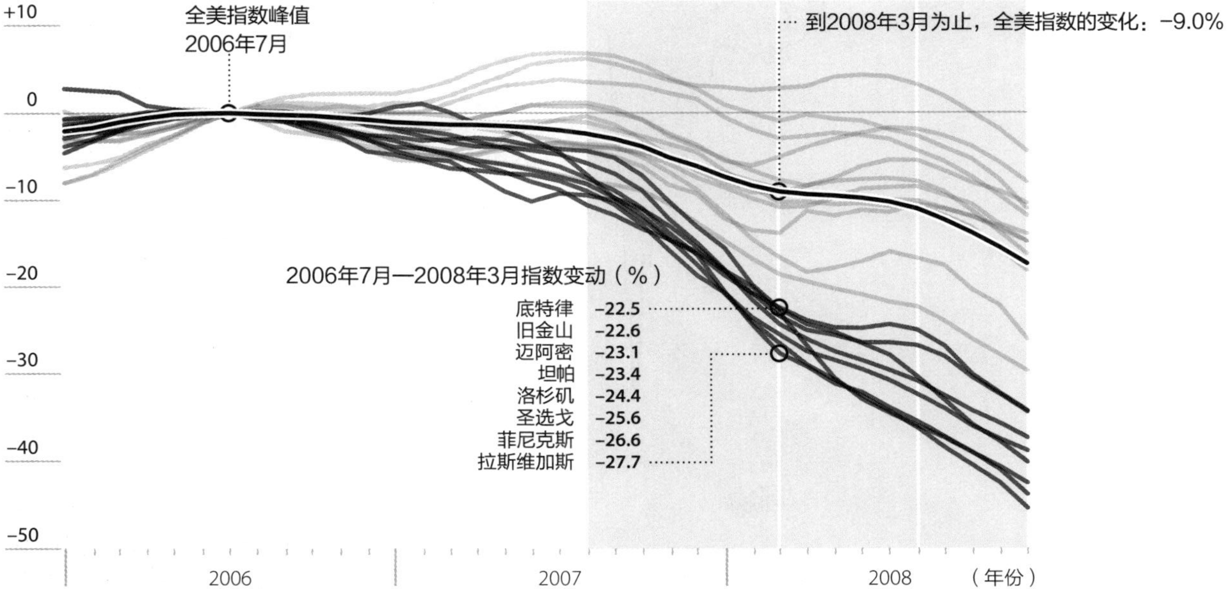

来源：20个城市以及全美标普核心逻辑凯斯–席勒房价指数(S&P Core Logic Case–Shiller Home Price Index)，采用美联储经济数据。

危机的轨迹

随着抵押贷款问题的暴露，以及对经济衰退的担忧的加剧，金融体系面临的压力在2007年底至2008年初逐渐增大。

伦敦银行同业拆息–隔夜指数掉期利率息差（个基点）

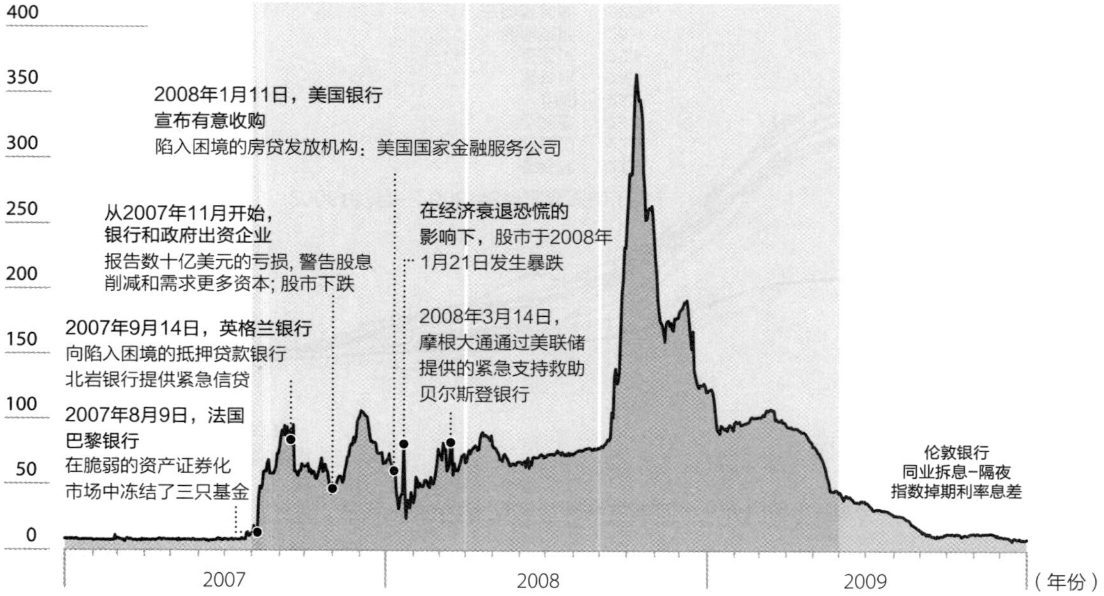

来源：彭博财经。

危机的轨迹

投资者担心抵押贷款巨头房利美和房地美可能倒闭，并对房地产市场造成严重损害。

房利美和房地美的股票价格（美元/股）

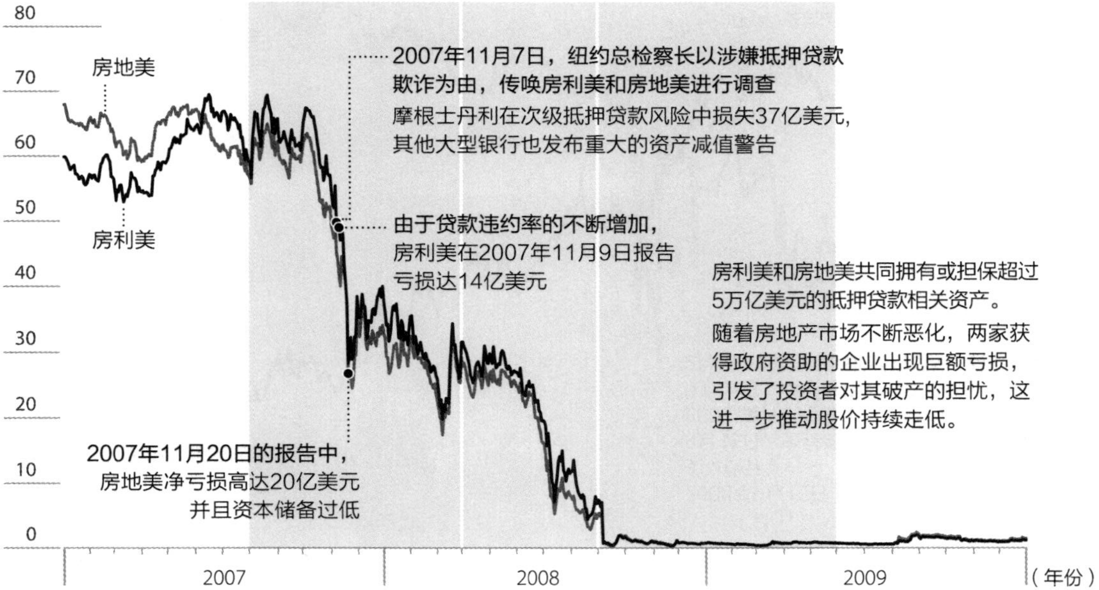

来源：芝加哥大学布斯商学院的证券价格研究中心（The Center for Research in Security Prices），采用沃顿研究数据服务（WRDS）。

危机的轨迹

恐慌蔓延，美国最大的银行和投行似乎越来越脆弱，并且面临倒闭的危险。

标普500金融指数水平，以及六大银行信用违约互换息差平均值的基点

来源：标普500金融指数：彭博财经，标普道琼斯指数。银行信用违约互换息差：彭博财经，埃士信-马基特公司。

注：信用违约互换息差是摩根大通、花旗集团、富国银行、美国银行、摩根士丹利和高盛六大银行的平等加权平均值。

危机的轨迹

损失的增加、对未来进一步受损的恐惧，以及系统的流动性压力，都进一步推动了金融资产价格的持续下跌，市场对金融体系偿付能力的担忧也日益加剧。

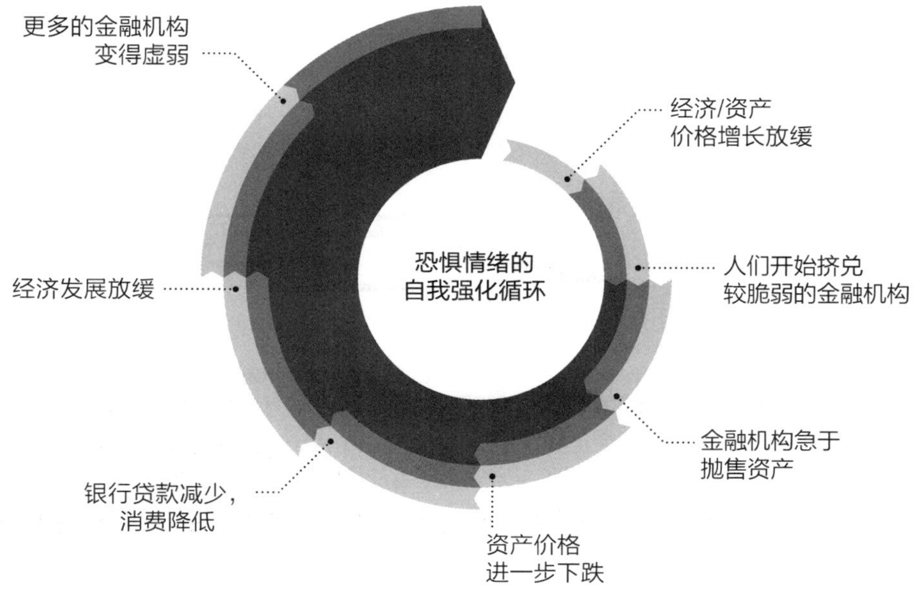

危机的轨迹

经济预测曾显示经济增长适度且放缓程度可控。显然，预测有误。

实际GDP的季度环比变化率、经季节性调整的年变化率，
以及费城联储对专业预测人员的调查结果（%）

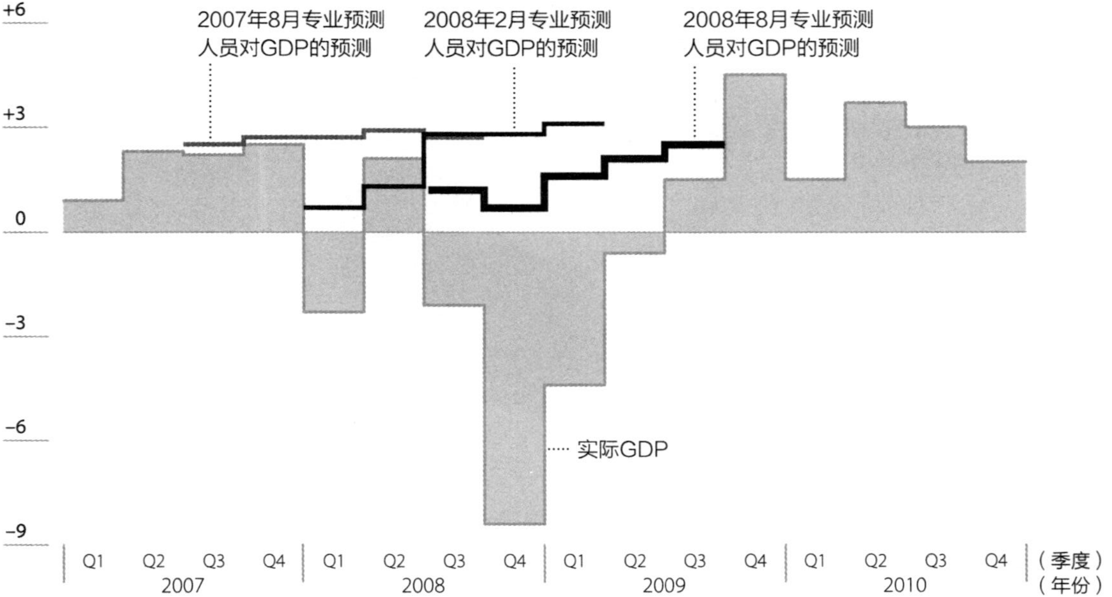

来源：经济分析局，采用2018年8月29日更新的美联储经济数据；2007年第3季度以及2008年第一、第三季度费城联邦储备委员会对专业预测人员的调查报告。

美国的策略

美国应对策略中的关键要素包括：

利用美联储凌驾于整个银行系统之上的“最后贷款人”权力，为投行和融资市场提供支持。

大量运用担保以防止货币市场基金和各种金融机构出现挤兑。

在联邦存款保险公司的扩展担保支持下，分两个阶段对金融系统进行积极的资本重组。

综合运用强力的货币政策和财政政策来抑制经济衰退的严重程度，并促使经济恢复增长。

通过多种住房政策的组合，来防止政府出资企业倒闭，放缓房价下降速度，降低抵押贷款利率，并对再融资提供援助。

将美元流动性扩展到全球金融体系，辅以国际间合作以及凯恩斯式的刺激计划。

美国的策略

美国政府对危机的初步反应是迟缓的，并且由于所用工具是为传统银行系统设计的，因此显得作用十分有限和过时。

可用工具

联邦存款保险公司

- 除系统性风险外，决议授权为银行提供更广泛的担保
- 银行存款保险

美联储

- 银行贴现窗口贷款，以及对其他机构在极端情况下的贷款
- 与其他国家央行协定货币互换额度

不具备的权限

- 对非银行机构的倒闭或国有化进行干预
- 对金融体系内更大范围的债务进行担保
- 直接向金融体系注入资金
- 美联储购买除国债、机构证券以及机构抵押贷款支持证券以外的资产
- 为政府出资企业注资或是提供担保

注：机构证券是由美国联邦部门或政府出资企业发行或担保的债务性证券，机构抵押贷款支持证券是由美国联邦部门或政府出资企业发行或担保的抵押贷款支持证券。

但是随着危机愈演愈烈，美国国会提供了新的紧急授权，应对措施也因此变得更加有力和全面。

伦敦银行同业拆息–隔夜指数掉期利率息差（个基点）

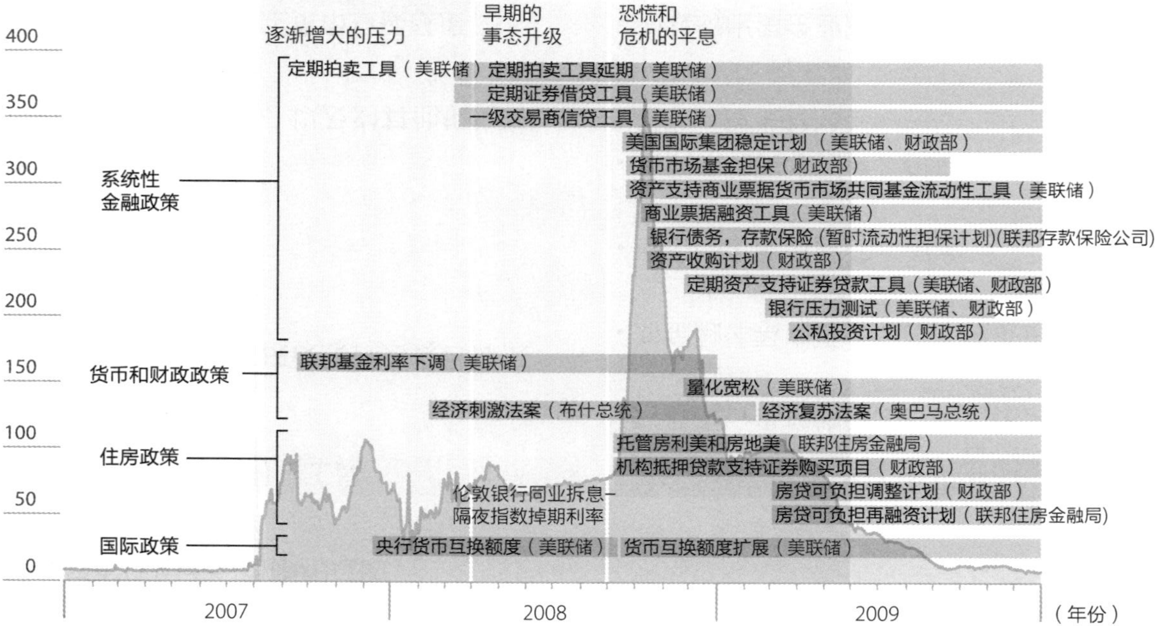

来源：伦敦银行同业拆息–隔夜指数掉期利率：彭博财经。

注：各项计划的开始日期即计划公布的日期。美国联邦储备委员会根据监管资本评估项目管理银行压力测试，同时财政部在资本援助计划下建立了资本支持。

美国政府制定了一系列系统性政策，以此稳定金融机构和市场：

流动性计划，以保持金融机构的运作和信贷流向消费者和企业。

担保计划，以支持金融机构的关键融资市场。

资本化战略，以私营资本和国有资本为资金来源，以防止系统性机构的倒闭，并解决金融体系的不确定性。

随着危机的加剧，美国政府的流动性计划也从以下几个维度逐步扩展：

- 国内 ⟶ 国际
- 传统 ⟶ 创新
- 机构 ⟶ 市场

美联储最初运用了传统的“最终贷款人”工具为银行系统提供流动性。

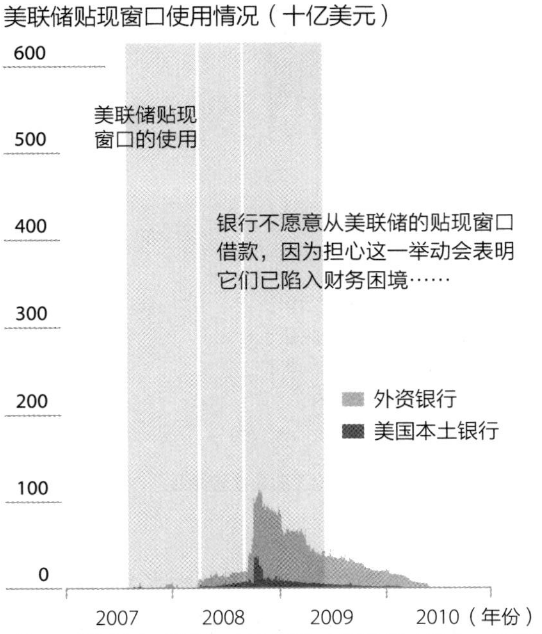

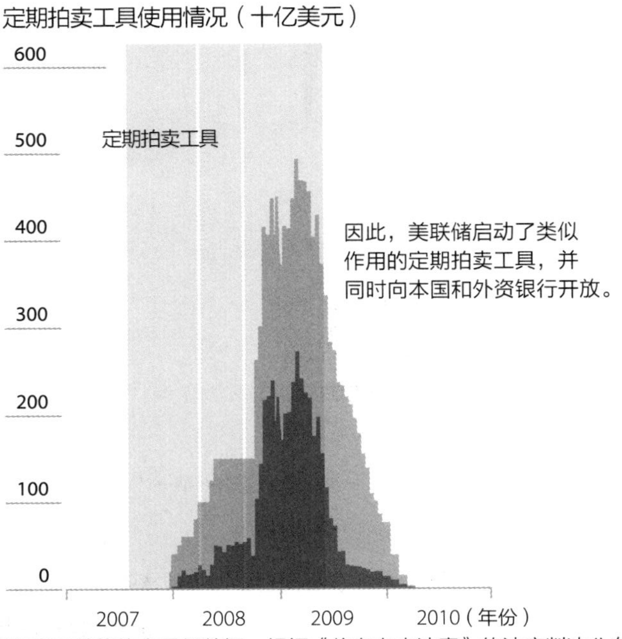

来源：联邦储备委员会，基于即将出版的英文报告。危机期间贴现窗口贷款的交易级数据，根据《信息自由法案》的法庭判决公布（详见https：//www.federalreserve.gov/foia/servicecenter.htm）。

随后，美联储扩展了工具，以支持交易商和融资市场。

借给交易商的证券——定期证券借贷工具（十亿美元）

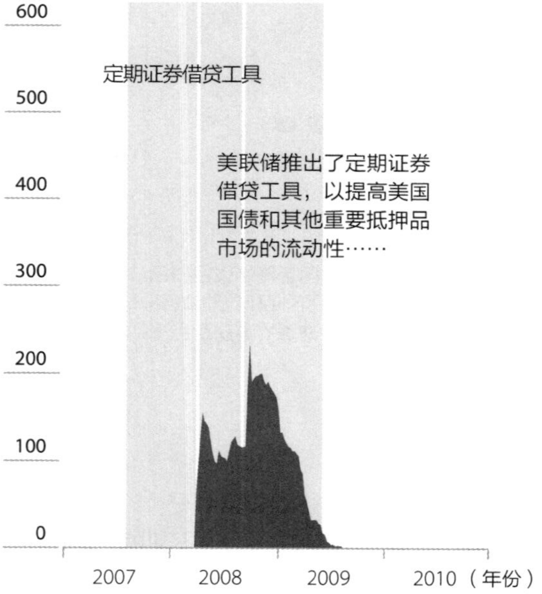

一级交易商信贷工具贷款（十亿美元）

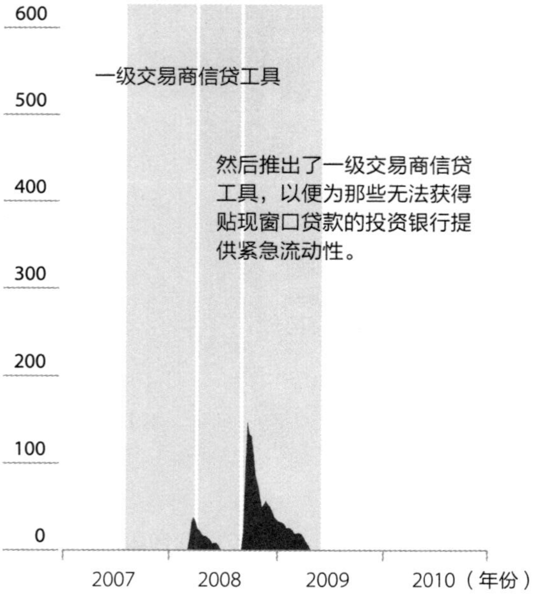

来源：联邦储备委员会，采用美联储经济数据。

注：一级交易商信贷工具扩展到选择其他经纪交易商的贷款。

美国的策略

美联储和财政部推出了解决商业票据市场脆弱性问题的计划，而该市场是金融机构和企业的主要资金来源。

作为未清偿商业票据的份额隔夜发行（%）

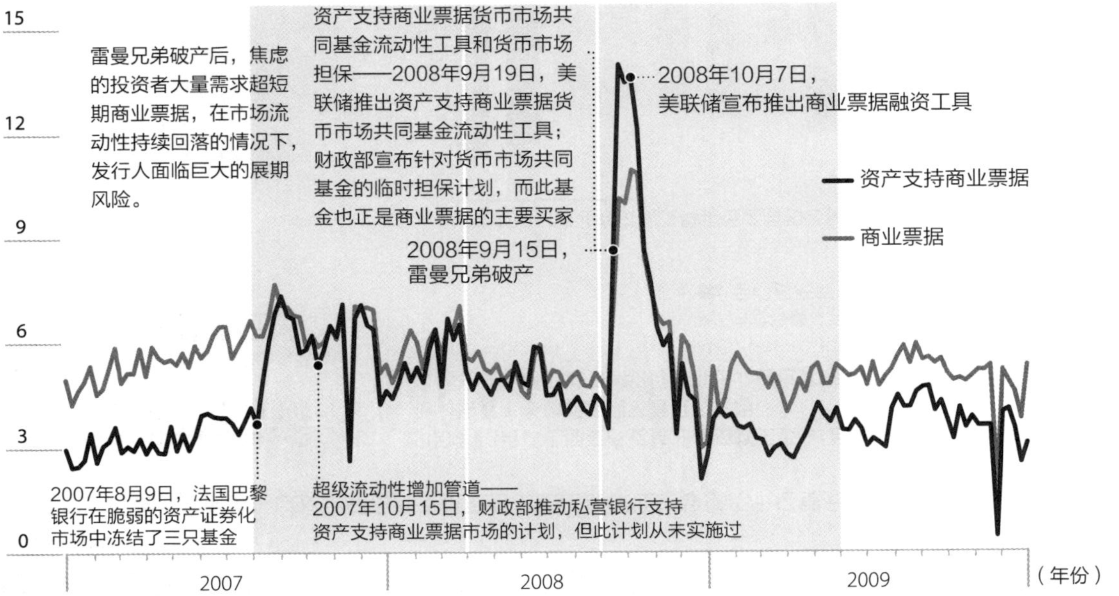

来源：纽约联邦储备银行根据联邦储备理事会发布的《商业票据利率及未清偿概要》报告中的数据，其数据源自存款信托及结算公司。

美国的策略

美联储和财政部还帮助重启资产证券化市场，而这正是信用卡、汽车贷款和房屋抵押贷款的重要资金来源。

资产支持证券发行量（合格类）以及定期资产支持证券贷款工具保证的数量（十亿美元）

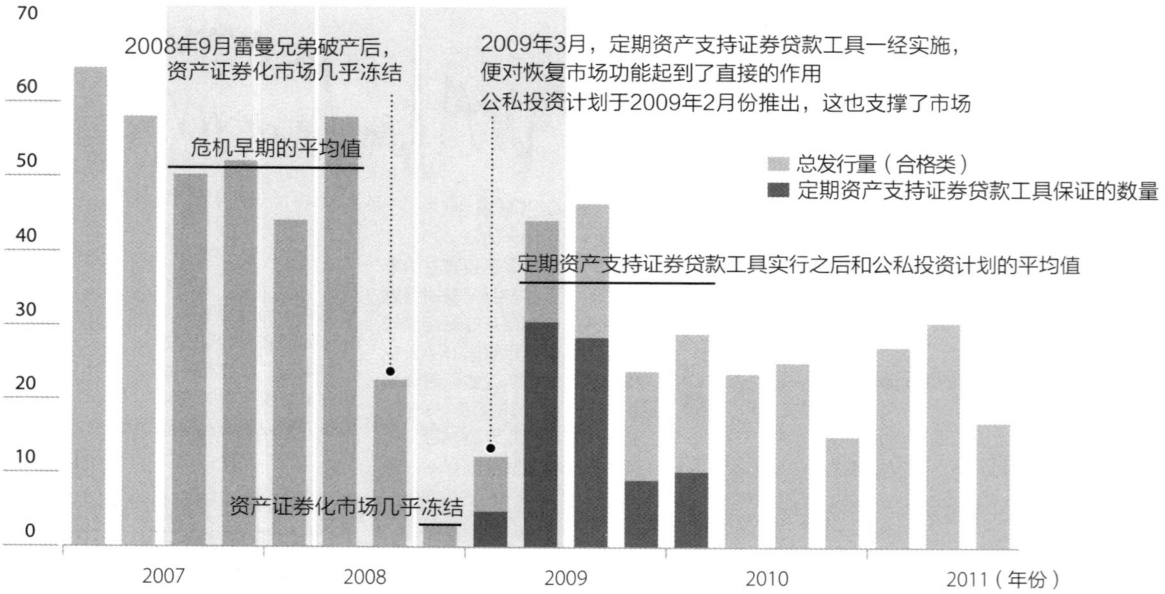

来源：纽约联邦储备银行基于摩根大通、彭博财经和联邦储备理事会的数据。

美国政府采取了一系列担保措施，
以支持金融体系的关键部分。

美国的策略

美国财政部同意担保约3.2万亿美元的货币市场基金资产，以阻止对优质货币市场基金的挤兑。

每日的美国货币市场资金流动（十亿美元）

来源：iMoneyNet（分析数据提供商），作者基于Schmidt等人的研究（2016年）的计算。

美国的策略

联邦存款保险公司扩大了对消费者和企业账户的存款保险覆盖范围，以防止对银行的挤兑。

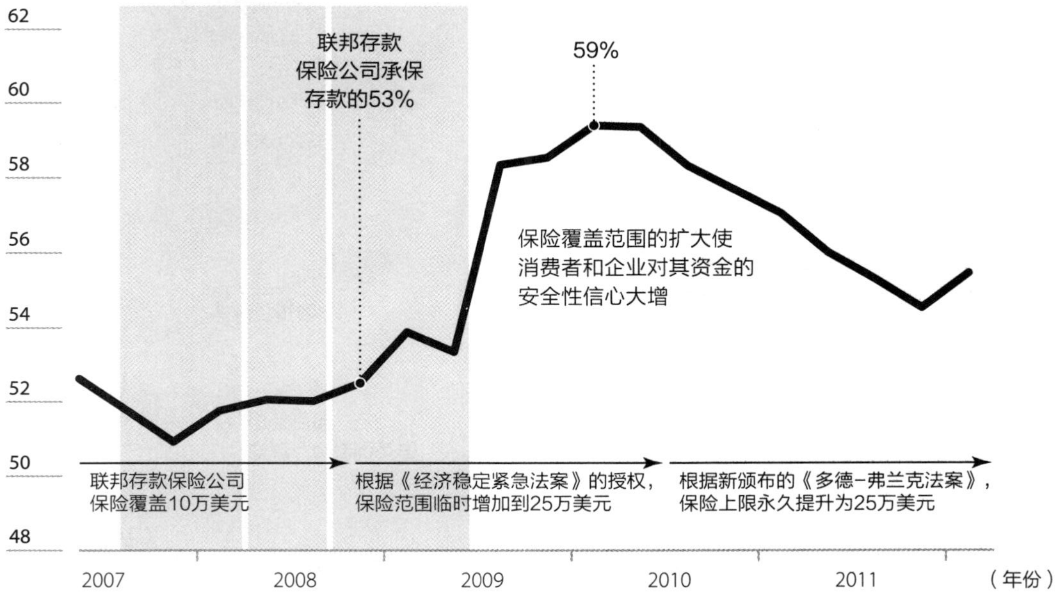

来源：美国财政部，《改造华尔街，保护消费者》。
注：不包括《多德-弗兰克法案》2012年底之前保障的无息交易账户额度。

通过同意担保新的金融债务，联邦存款保险公司帮助金融机构获得更稳定的资金。

暂时流动性担保计划（债务担保计划）下的未清偿债务*（十亿美元）

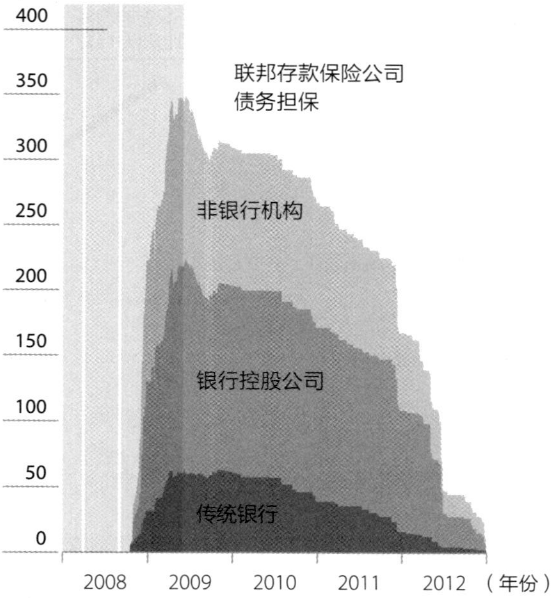

六大银行信用违约互换息差加权平均值（个基点）

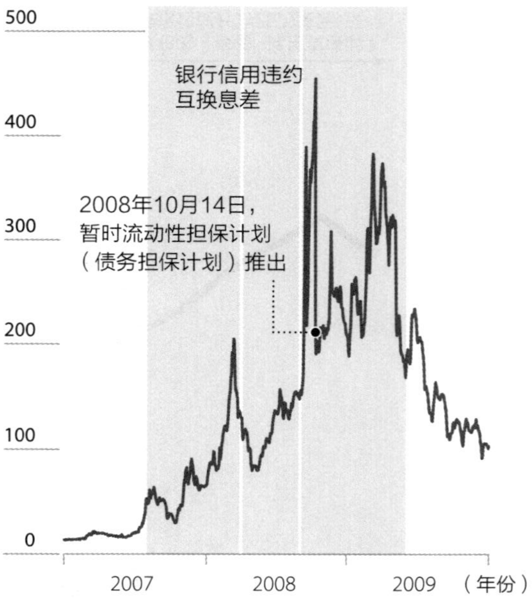

来源：债券发行：联邦存款保险公司，作者的计算。信用违约互换息差：彭博财经，埃士信-马基特公司。
注：债务担保计划涵盖母公司及其子公司发行的债务。

美国的策略

随着危机加剧，美国政府开始增强金融体系中的资本：

鼓励最大的机构在危机初期募集私营资本。

当危机恶化时，在国会提供的紧急授权下将至关重要的国有资本注入银行系统。

通过额外注资和“围栏策略”担保并稳定陷入困境的银行。

进行压力测试，完成金融体系的资本重组。

美国的策略

随着危机初期损失的加剧，美国的政策制定者敦促金融机构尽快募集私营资本。

2007年1月1日—2008年10月13日，接受政府最初投资的9家银行募集的私营资本也大幅上涨

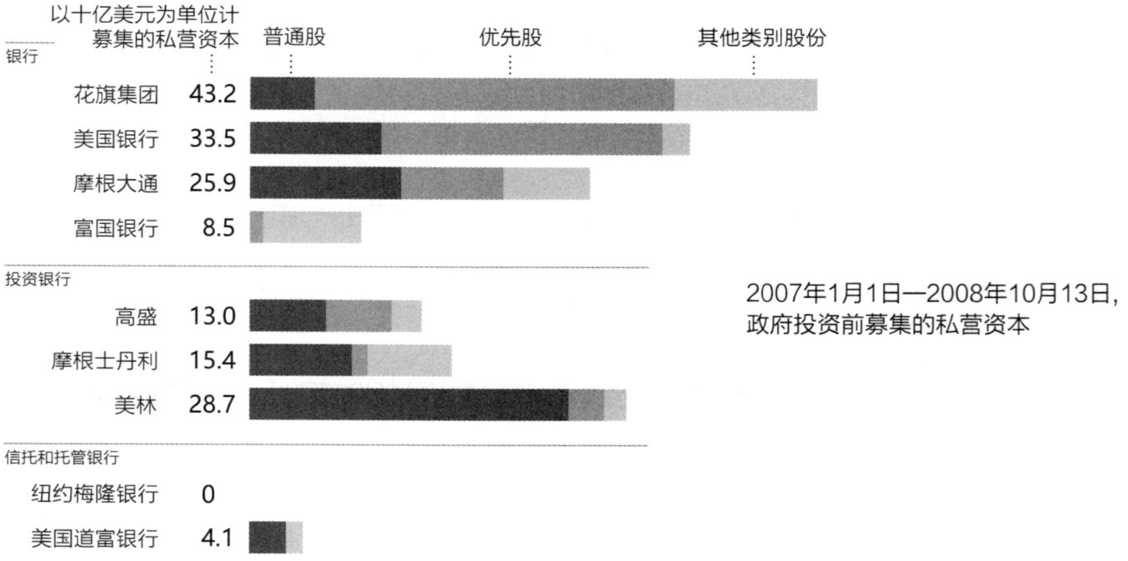

来源：高盛。

然后，伴随着雷曼兄弟倒闭造成的恐慌，财政部在国会的最新授权下对最大一家银行进行了大量注资。

2008年10月14日—2009年5月6日（压力测试结果公布前一天），募集的国有资本和其他资本

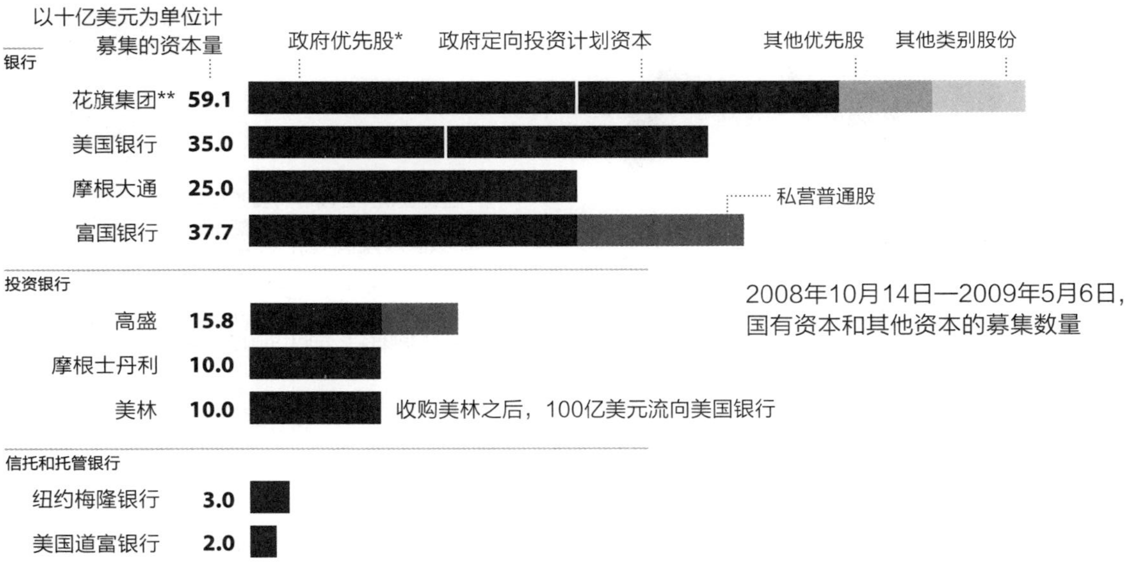

来源：高盛。

注：政府优先股包括在资产收购计划下进行的注资。花旗集团后来将大约580亿美元的优先股和其他证券转换为普通股。

利用额外的资金对数百家小型银行进行直接政府投资。

政府对银行资本投资的未清偿本金（十亿美元）

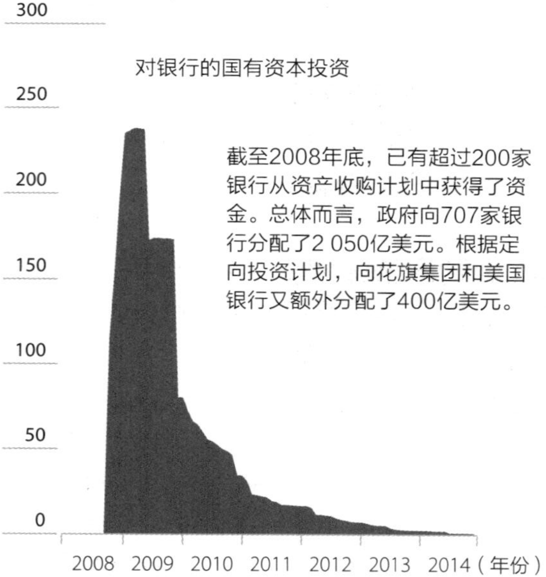

参与资产收购计划的银行分布

收到资金的银行分布（按资产规模划分）：

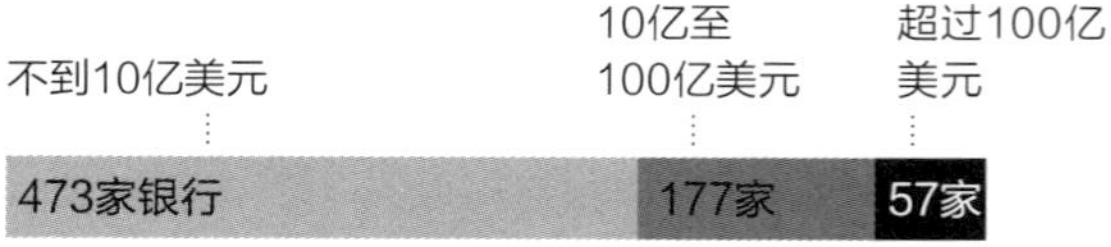

收到资金的银行分布（按州划分）：

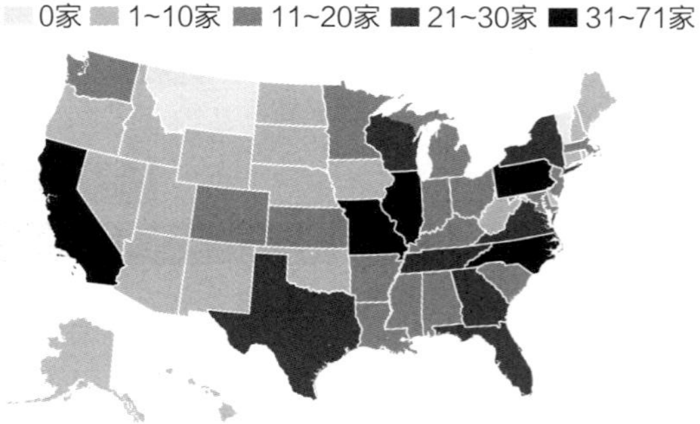

来源：未清偿资金的时间线：不良资产救助计划的记录；收到资金的银行分布（按资产规模划分）：美国财政部，《不良资产救助计划：两年回顾》，SNL金融；收到资金的银行分布（按州划分）：作者的计算，基于不良资产救助计划投资项目交易报告，2018年8月8日。

美国的策略

除了资本注入以外，政府还扩展了手段，为陷入困境的花旗集团和美国银行提供资产担保。

资产担保计划，花旗集团资产和"围栏策略"损失责任结构（美国银行的资产担保已经起草但未实施）

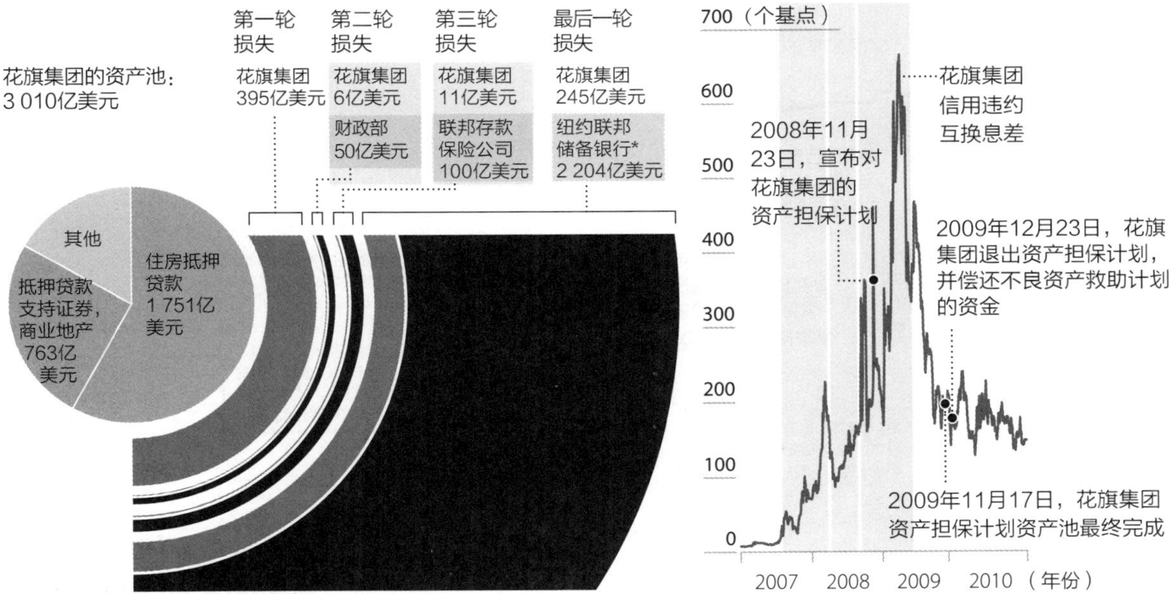

来源：资产担保计划条款：不良资产救助计划特别监察长，《向花旗集团提供特别经济援助》；信用违约互换息差：彭博财经，埃士信–马基特公司。

注：纽约联邦储备银行的亏损量以无追索权贷款形式构成。

美国的策略

美国政府向美国国际集团提供紧急贷款、资金和担保，以防止其无序倒闭，而这可能扰乱整个金融体系的运行。

对美国国际集团的未偿承诺（十亿美元）

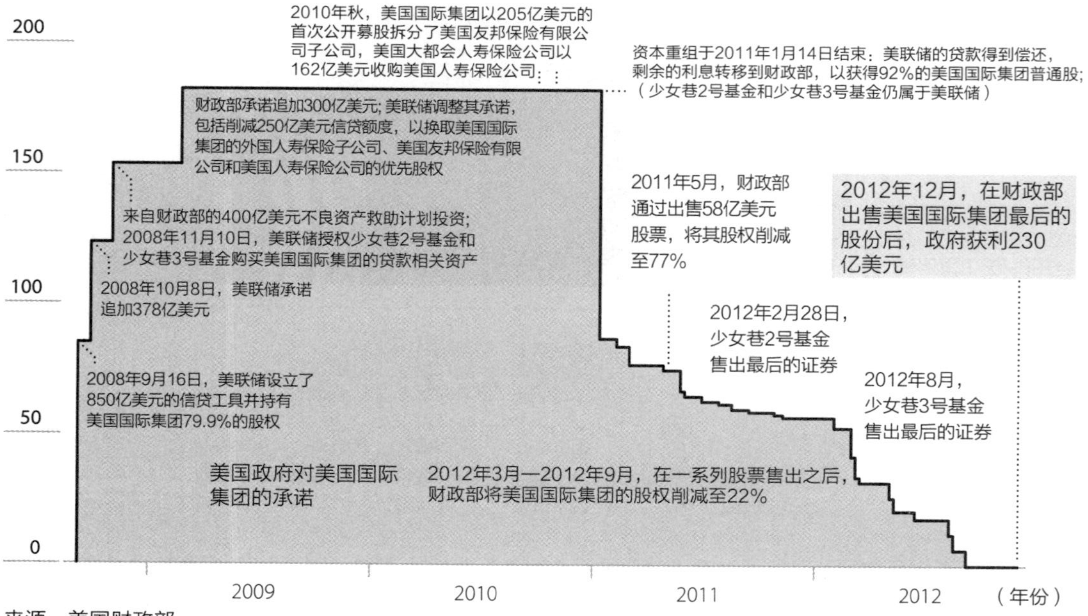

来源：美国财政部。

注：还款是在承诺的有效期内发生的， 然而直到2011年1月资本重组交易之前，任何减少的承诺都不会反映出来。

美国的策略

随着公众对于银行的信心进一步消失，政府提高了“压力测试”的透明度，以帮助监管机构和投资者做出可靠的损失预测。

商业银行两年期贷款历史损失率（%）

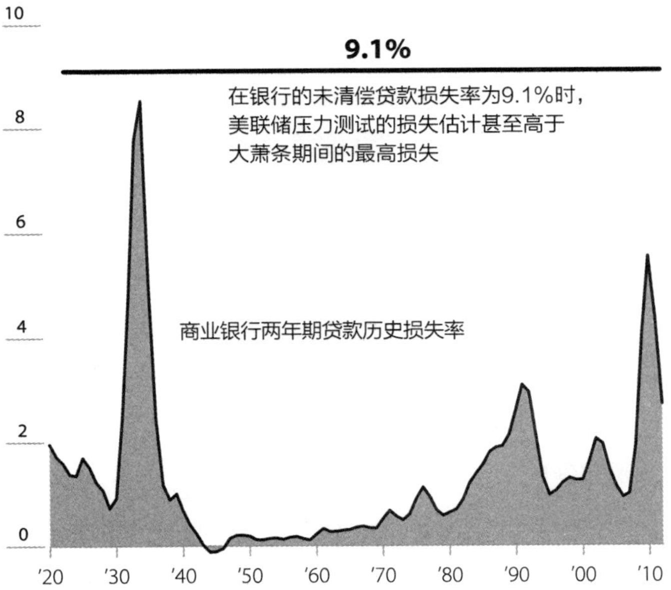

2009年5月7日，监管资本评估计划资本短缺

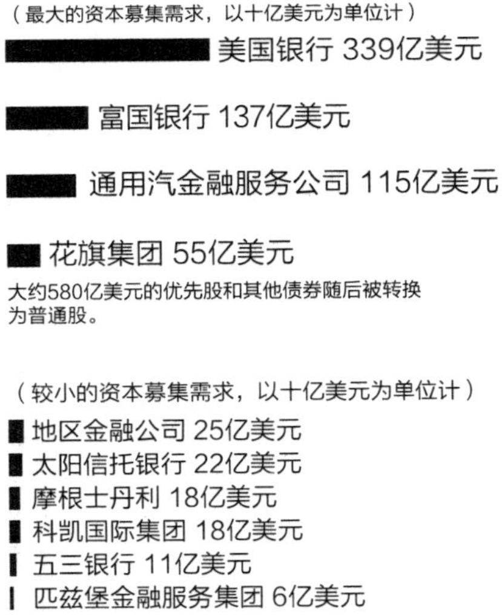

其他9个机构不需要额外的资金

来源：联邦存款保险公司，联邦储备委员会，国际货币基金组织。

注：当时最大的19家银行控股公司都受监管资本评估计划的管制。

私营资本回归加速。

2009年5月7日—2010年12月31日募集的私营资本

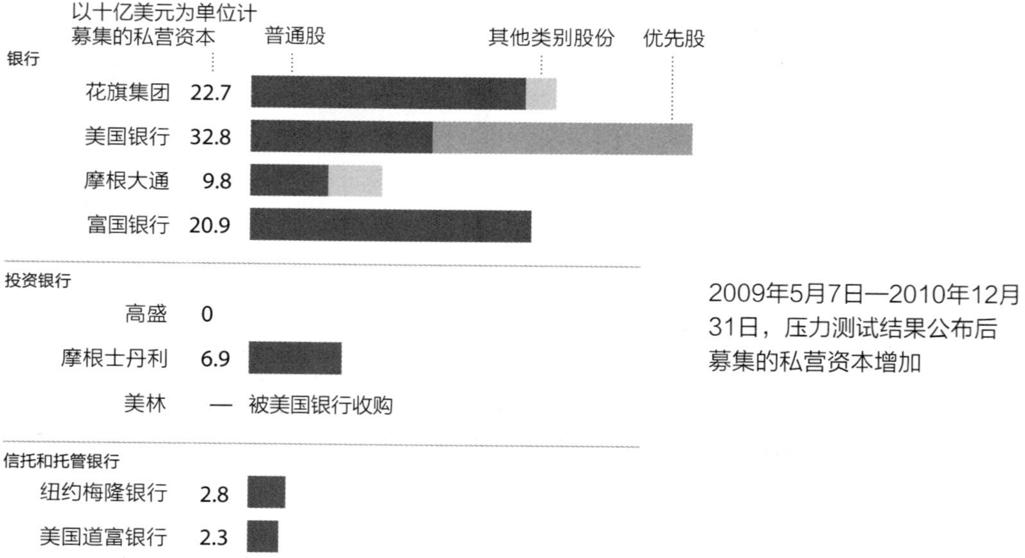

来源：高盛。

注：2009年4月，在压力测试结果公布之前，高盛募集了58亿美元资金，用于偿还不良资产救助计划的资金。

美国的策略

实际上，美国比欧洲更快、更积极地对其银行体系进行资本重组。

每年募集的资本金（十亿美元）

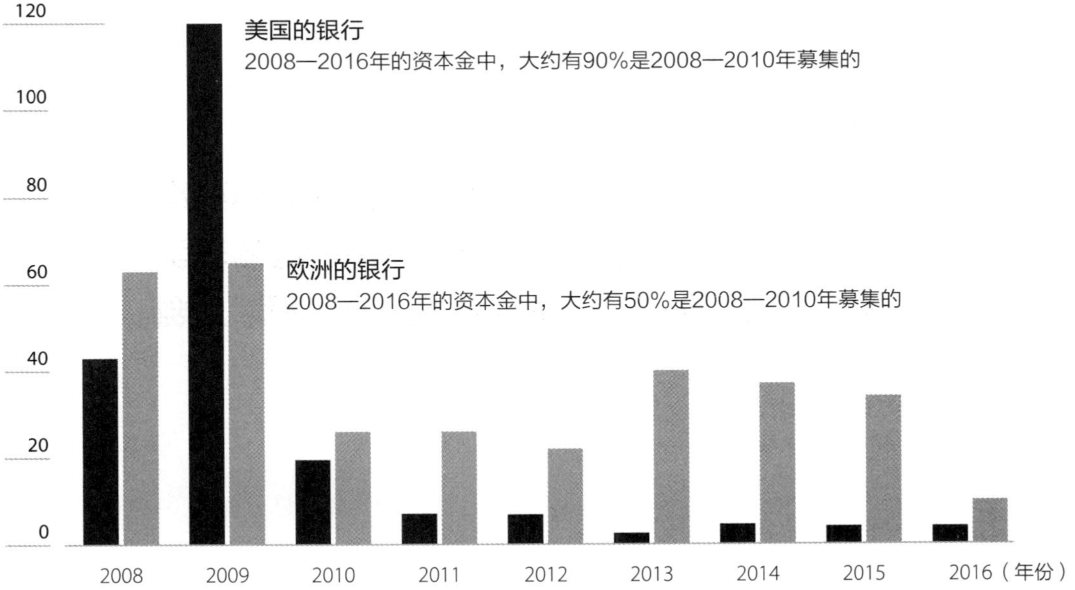

来源：高盛。
注：根据来自高盛的数据估算。

除了实施旨在解决金融体系系统性问题的计划外，美联储和美国财政部还综合运用了强有力的货币政策和财政刺激政策。

美国的策略

随着联邦基金利率接近于零，美联储大规模购买资产以降低长期利率 —— 这一政策被称为“量化宽松”

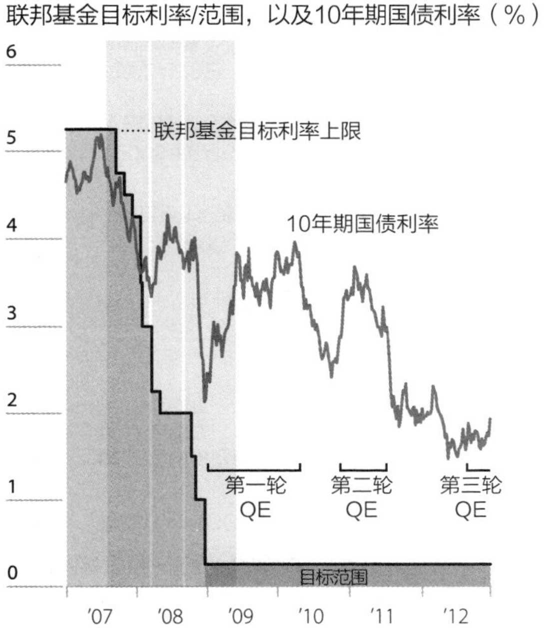

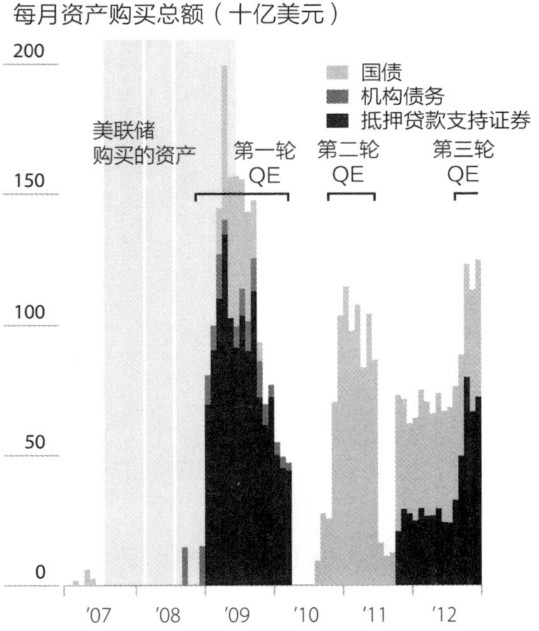

来源：目标利率：联邦储备委员会；10年期国债：联邦储备委员会，采用美联储经济数据。
每月资产购入量：纽约联邦储备银行，哈佛分析公司。

美国在危机初期就通过了第一轮财政刺激计划。但是由于只有1 680亿美元，它的规模相对较小并且需要一段时间才能生效。

财政刺激措施对GDP的季度影响（%）

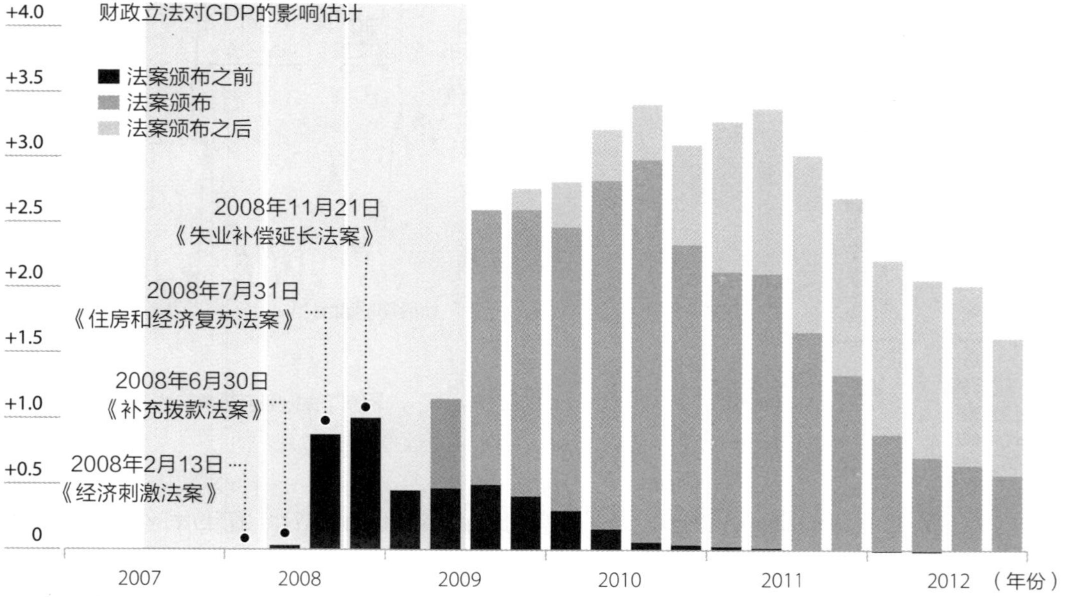

来源：经济顾问委员会，国会预算办公室、经济分析局，由 Jason Furman 计算。

注：1 680亿美元体现了从一系列法案颁布之前到2012年的综合刺激措施。

美国的策略

2009年的复苏法案推出了更大程度的综合措施——7 120亿美元的临时减税和财政支出增加，这抵消了一部分但不是全部的GDP下降。

财政刺激措施对GDP的季度影响（%）

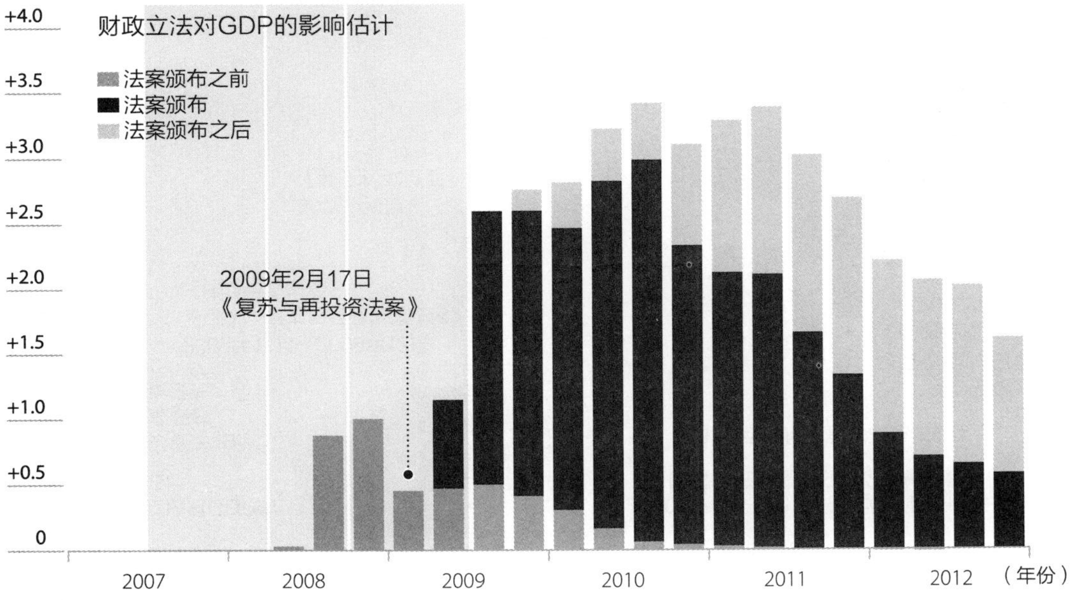

来源：经济顾问委员会，国会预算办公室，经济分析局，由 Jason Furman 计算。
注：7 120亿美元体现了从法案颁布到2012年的刺激措施。

还有6 570亿美元来自经济复苏之后一系列较小的法案措施，这增加了对经济的支持水平。

财政刺激措施对GDP的季度影响（%）

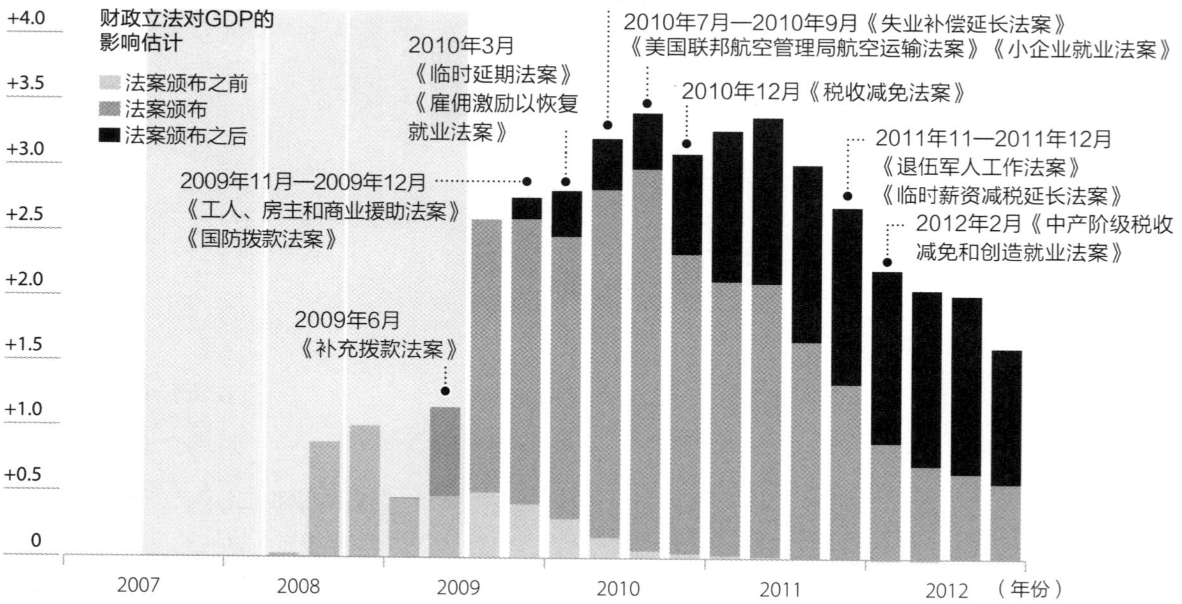

来源：经济顾问委员会，国会预算办公室，经济分析局，由 Jason Furman 计算。

注：6 570亿美元体现了从一系列法案颁布之后到2012年的综合刺激措施。

美国的策略

联邦政府加大刺激力度，州和地方财政削减支出抵消了这些努力。

1960—2015年的经济复苏阶段，州和地方政府的真实财政支出（以经济衰退结束时的季度水平为准）

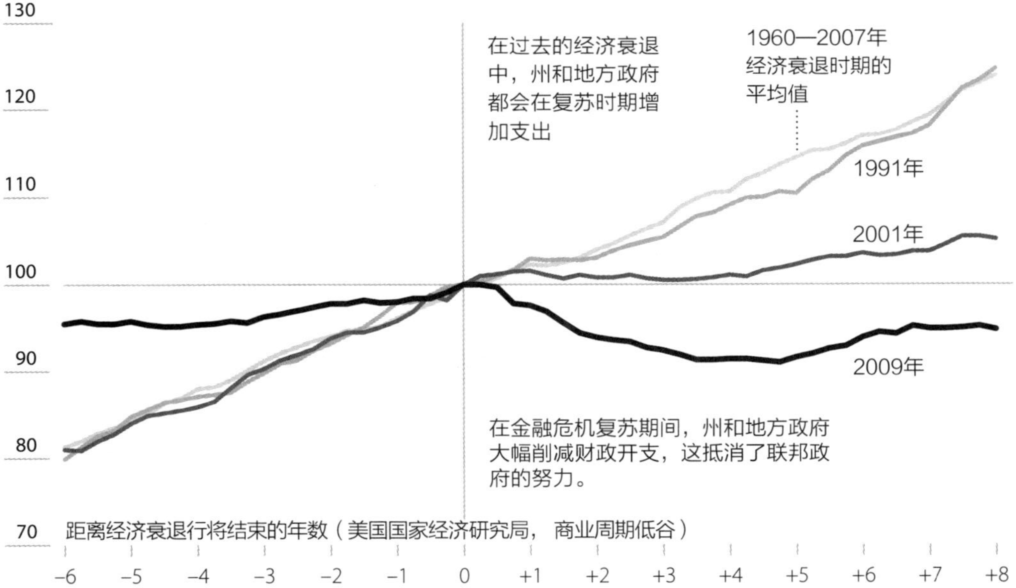

来源：经济分析局，来自哈佛分析公司；作者的计算。

注：由于与1981—1982年经济衰退时期的叠加，因此平均值不包括1980年的经济衰退。

政府实施了一系列住房计划：

- 降低抵押贷款利率并确保贷款的可获得性
- 减少抵押贷款的止赎权
- 帮助陷入困境的借款人以充分利用较低的利率用抵押贷款进行再融资

美国的策略

政府的住房计划降低了抵押贷款利率并减少了止赎权数量，但还未强大到可以控制住危害。

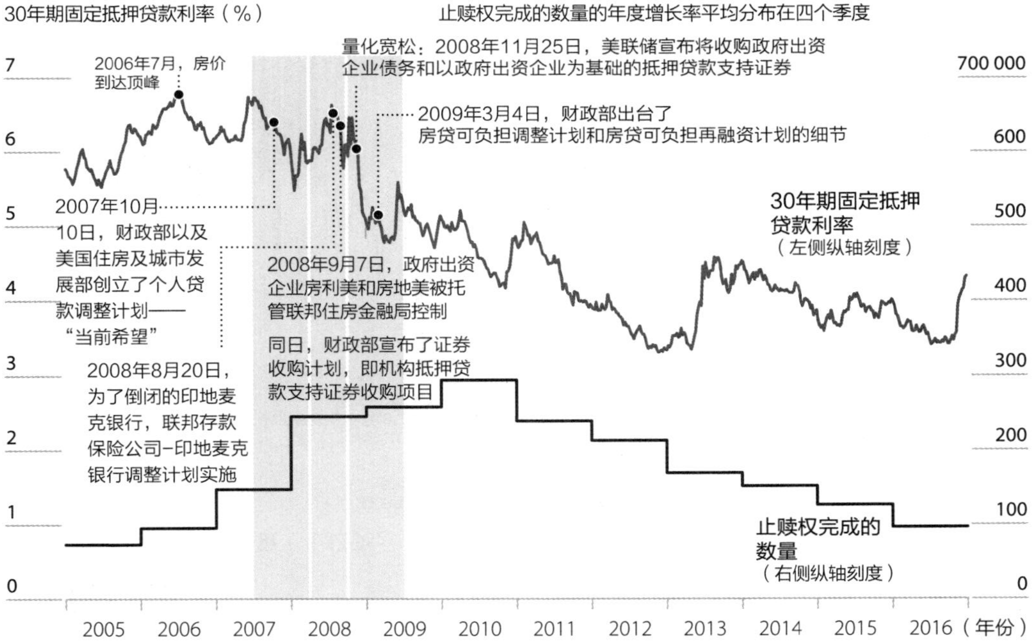

来源：抵押贷款利率：房地美的初级抵押贷款市场调查®，采用美联储经济数据；止赎权完成的数量：核心逻辑公司。

美国的策略

在私营发行人撤出后，房利美和房地美获得的政府支持，使得抵押贷款信贷流通、住房市场变得稳定。

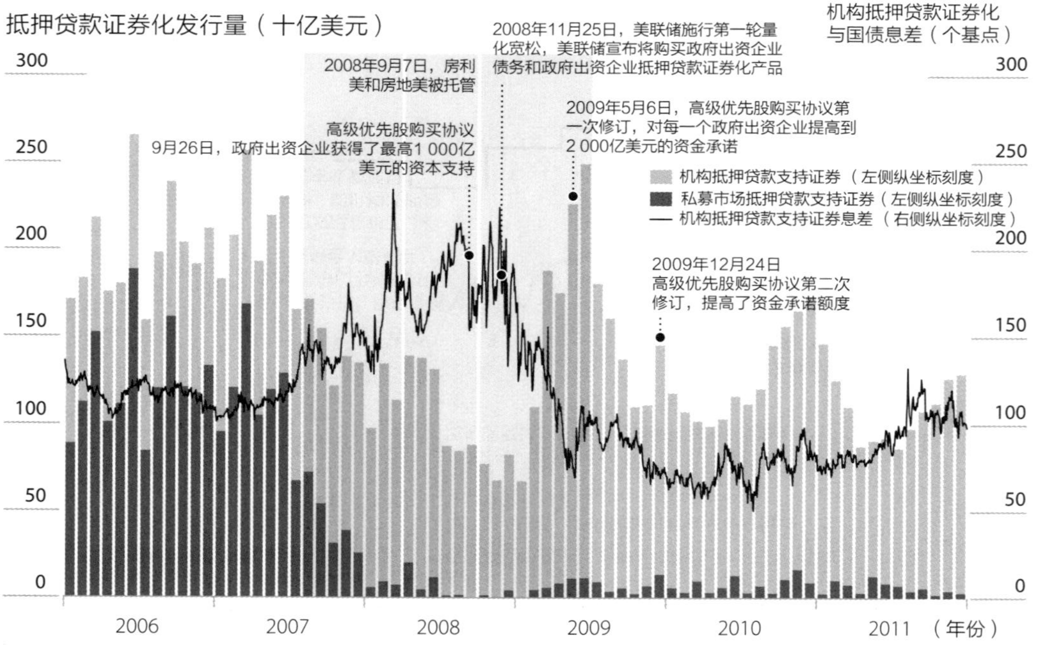

来源：抵押贷款证券化发行资料：证券业和金融市场协会；机构抵押贷款支持证券息差：彭博财经，作者的计算。

美国的策略

包括房贷可负担调整计划在内的多项贷款调整计划帮助了数百万在抵押贷款中苦苦挣扎的房主们。

2009年4月1日—2016年11月30日，进行了调整或者接受了减轻损失援助的抵押贷款数量

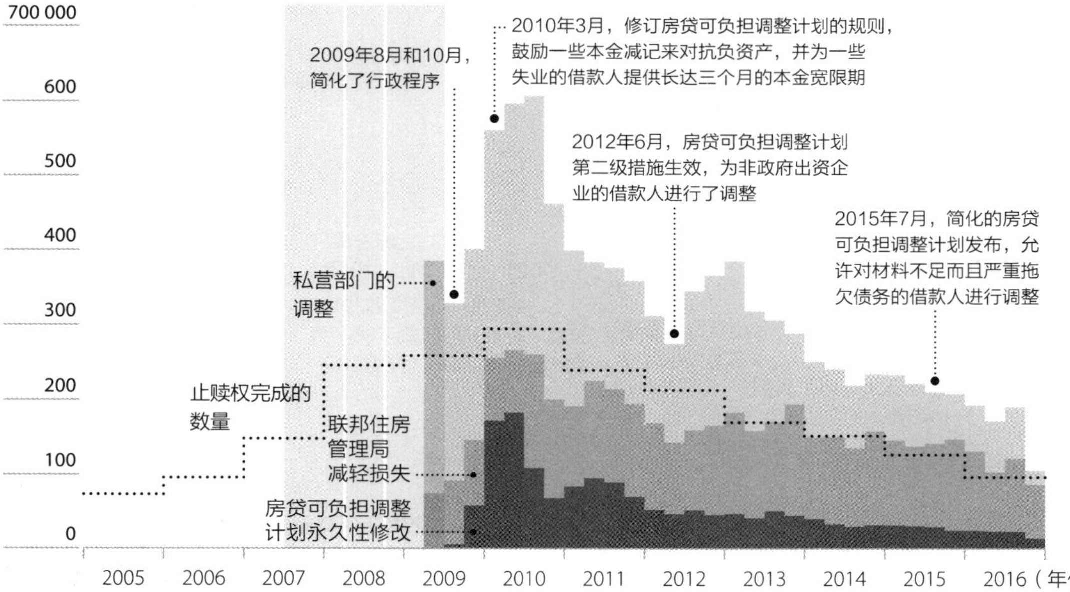

来源：联邦住房管理局减少损失计划：美国住房及城市发展部；房贷可负担调整计划修改：美国财政部；私营部门调整："当前希望"计划；止赎权完成的数量：核心逻辑公司。

注：调整截至2016年11月，其他计划的结果截至2016年。止赎权完成的数量的绘制采用年度增长率，并平均分布于四个季度。

美国的策略

房贷可负担再融资计划降低了抵押贷款利率，鼓励再融资，并帮助“负资产”的房主避免止赎权的发生。

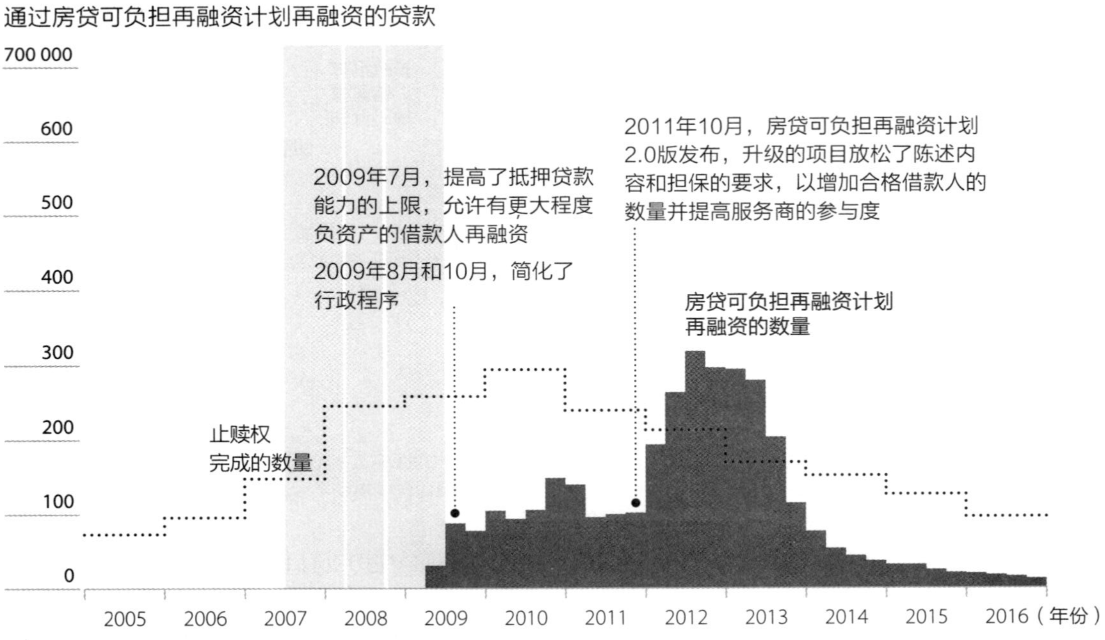

来源：再融资：联邦住房金融局；止赎权完成的数量：核心逻辑公司。

注：止赎权完成的数量的绘制采用年度增长率，并平均分布于四个季度。

美国的策略

美国政府的计划帮助了数百万的业主，但生效缓慢，并且只帮助到有限的受到止赎权威胁的人。

房主获得了通过危机时期的贷款调整计划和其他止赎权预防行动所提供的帮助（百万）

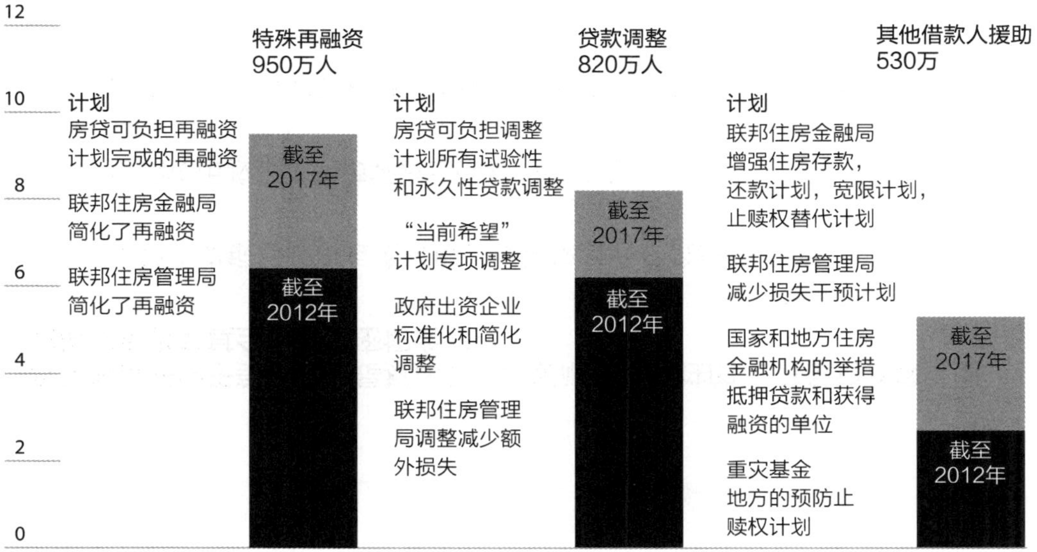

来源：Barr等人的研究（即将出版）。

尽管危机开始于美国，但是其震荡性的影响是世界性的 ，并且这要求美国政策制定者与其全球同行密切合作：

协定中央银行货币互换额度，以解决美元资金短缺问题

协调货币政策，向市场发出强有力的信息

对于受危机影响的新兴市场国家，设法安排国际货币基金组织给予援助

美国的策略

美联储与十几家外国中央银行协定了货币互换额度，以缓解因美元短缺而产生的融资压力。

央行流动性互换

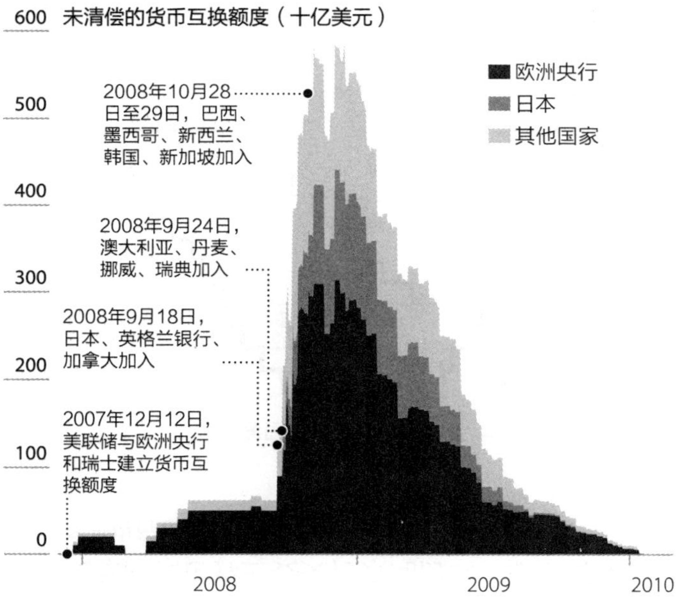

货币互换额度上限

截至2008年10月14日，针对欧洲央行、瑞士央行、英格兰银行和日本银行这四家中央银行，美联储已将货币互换额度扩大到实质无上限。

美联储还与其他10家中央银行安排了有限的货币互换额度：

	以十亿美元为单位
加拿大	30
澳大利亚	30
瑞典	30
巴西	30
墨西哥	30
韩国	30
新加坡	30
丹麦	15
挪威	15
新西兰	15

来源：未清偿额度：联邦储备委员会，作者的计算；最大承诺额度：Goldberg等人的研究（2010年）。

美国的策略

美联储和世界主要央行共同协商，联手降息。

各国央行目标利率（月末）（%）

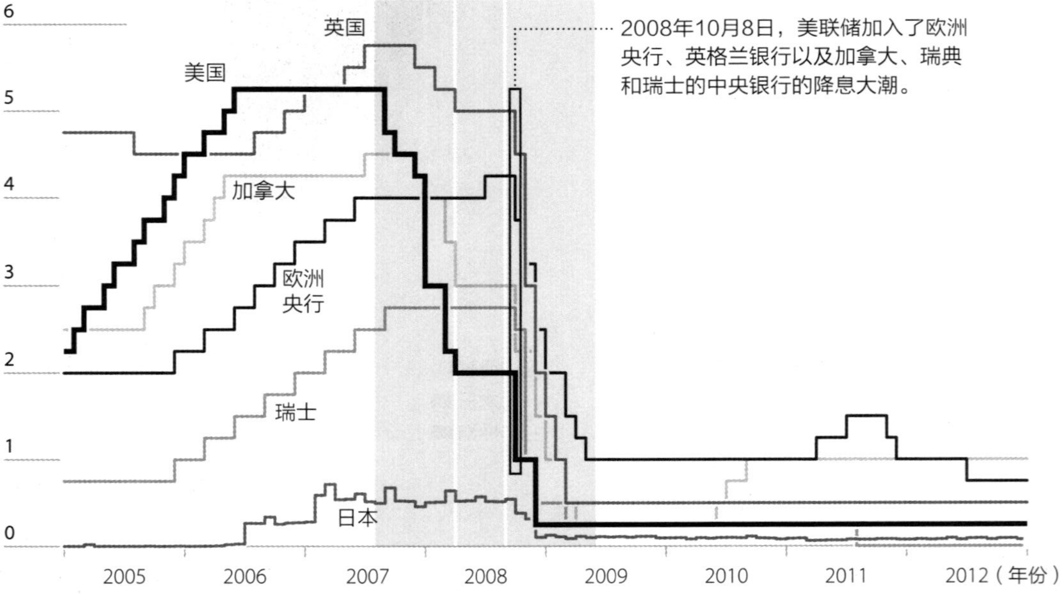

来源：彭博财经。

国际货币基金组织向受到危机影响的国家提供了至关重要的救助，其程度甚至超过了1997年亚洲金融危机时提供的救助。

从亚洲金融危机和全球金融危机开始，国际货币基金组织承诺贷款额度逐渐增加（十亿美元）

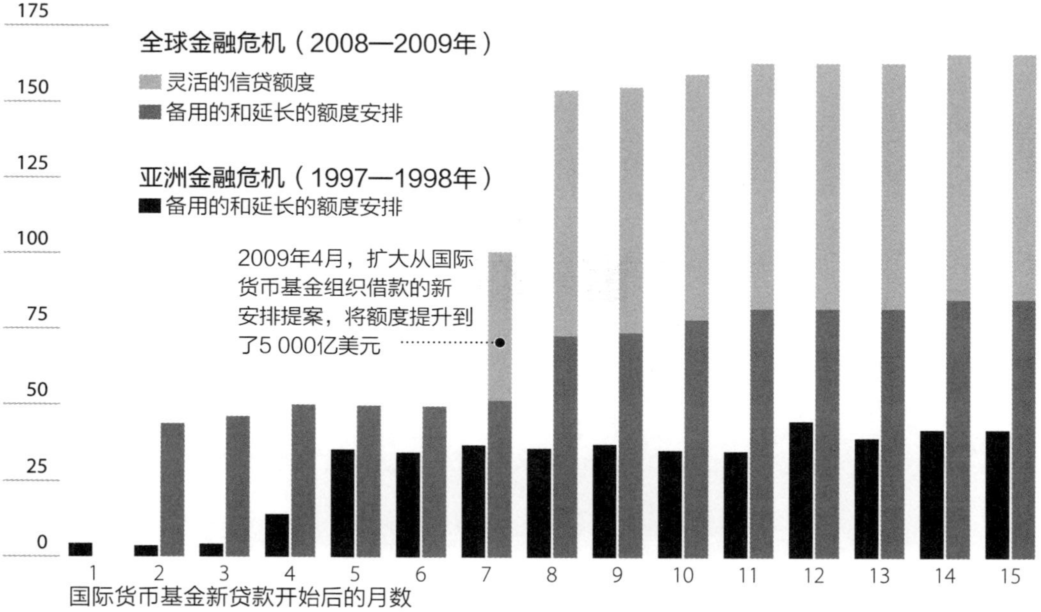

来源：国际货币基金组织，作者的计算基于Lowery等人的研究（即将出版）。

注：国际货币基金组织新贷款的开始日期，对于亚洲金融危机来说是1997年7月，对于全球金融危机来说是2008年9月。SDR的数据转换为美元，对于亚洲金融危机是每SDR为1.355820美元（1997年7月31日的汇率），对于全球金融危机是每SDR 为1.557220美元（2008年9月30日的汇率）。

成果

成　果

就造成的压力的严重程度来说，2008年金融危机在某些方面甚至超过了大萧条。

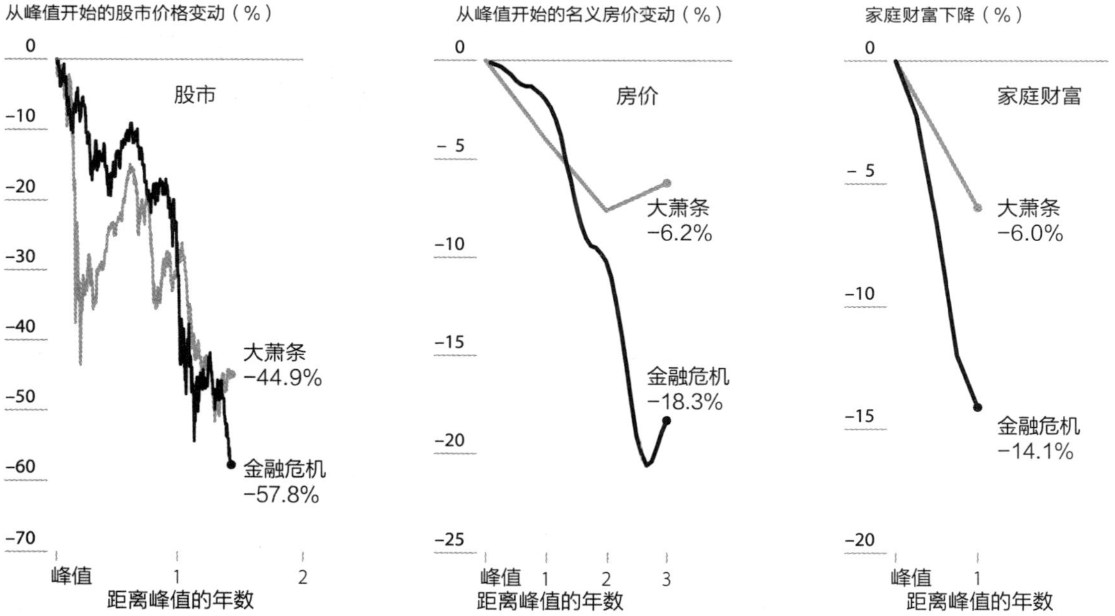

来源：股票价格：芝加哥大学布斯商学院证券价格研究中心，采用沃顿研究数据服务；房价：美国房屋价格及相关数据，《非理性繁荣》。大萧条时期家庭财富：Mishkin（1978）；大萧条时期家庭财富：美国联邦储备委员会——美国金融账户。

成　果

美国政府的应对措施最终阻止了恐慌并稳定了金融体系。

银行信用违约互换息差和伦敦银行同业拆息–隔夜指数掉期利率息差（个基点）

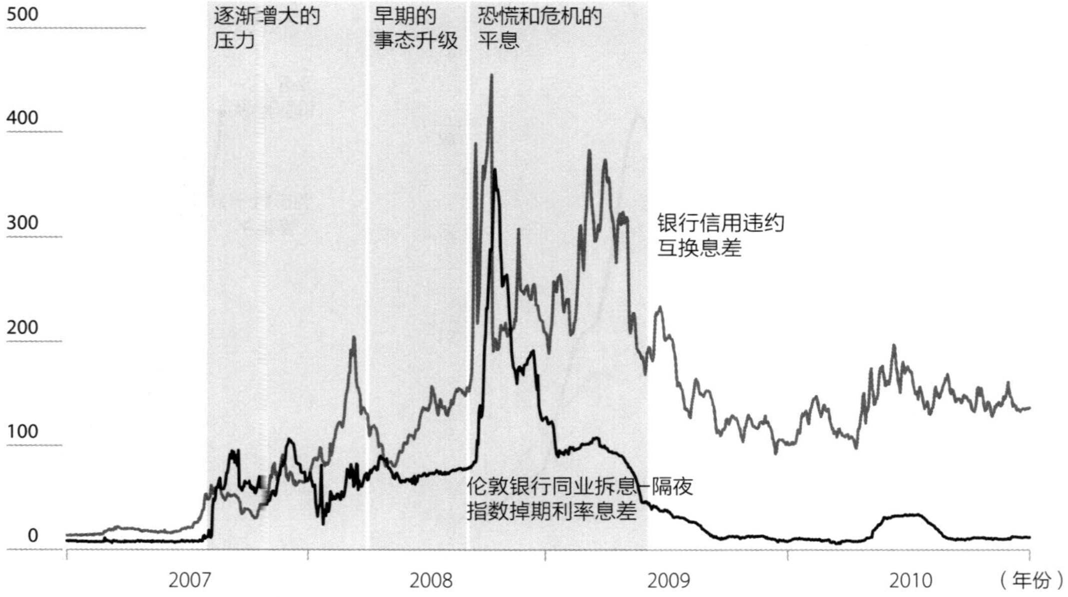

来源：伦敦银行同业拆息–隔夜指数掉期利率：彭博财经；信用违约互换息差：彭博财经，埃士信–马基特公司。

注：信用违约互换息差是摩根大通、花旗集团、富国银行、美国银行、摩根士丹利和高盛等权重的加权平均值。

成 果

让经济慢慢地开始从深度衰退的泥潭中脱身。

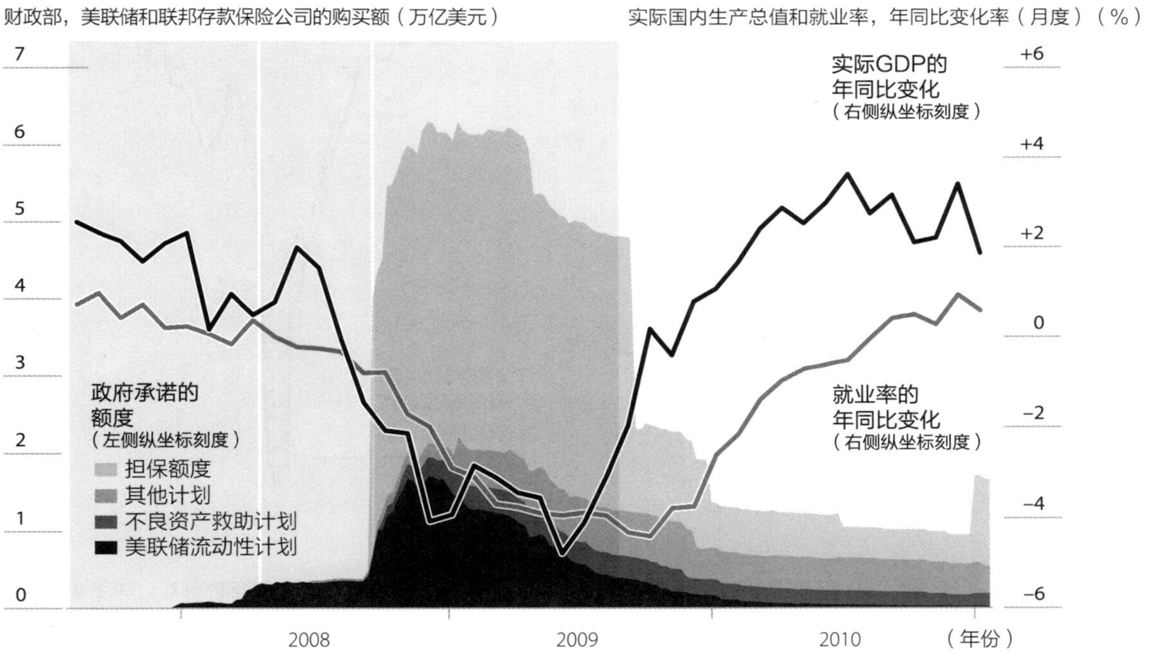

来源：梁内利等人的研究（即将出版），基于美国政府公布的：国会监督小组，《在不良资产救助计划及相关项目中的担保和应急支付》，来源于圣路易斯联邦储备银行、联邦存款保险公司、联邦储备委员会、联邦住房金融局以及美国财政部；就业率：劳工统计局；实际GDP：宏观经济顾问公司，来自哈佛分析公司的资料。

成 果

这一应对措施有助于重启信贷市场和银行贷款业务，从而使融资再一次变得更便宜和更易获得。

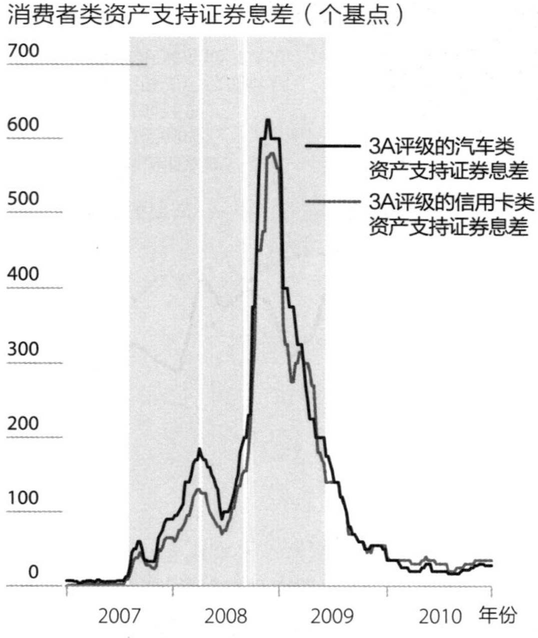

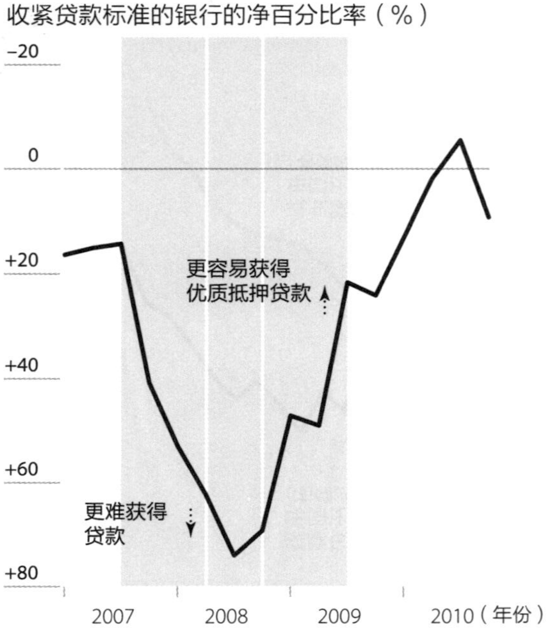

来源：资产支持证券息差：纽约联邦储备银行，基于摩根大通和彭博财经提供的数据；贷款标准：联邦储备委员会。

成　果

房屋止赎权的数量激增之后稳定并开始下降，房价终于开始复苏。

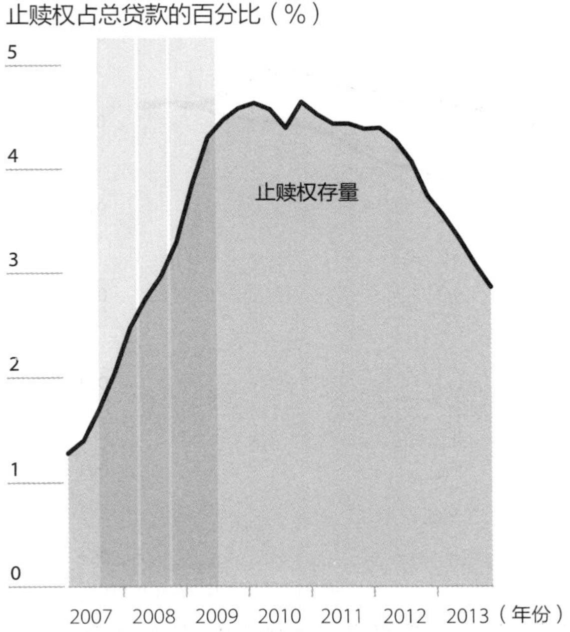

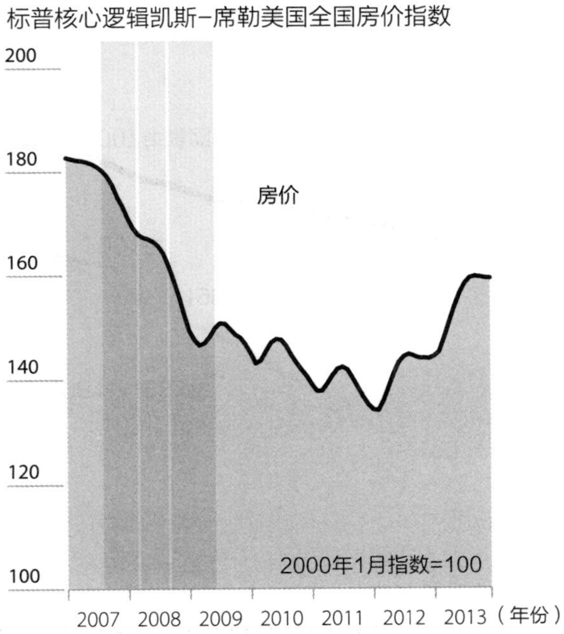

来源：止赎权存量：抵押贷款银行家协会的全国拖欠贷款情况调查，彭博财经；房价指数：未经季节调整的标普核心逻辑凯斯–席勒核心逻辑美国全国房价指数，采用美联储经济数据。

成 果

与传统的情形相同，在遭受严重的金融危机之后，美国经济的复苏步伐缓慢。

实际GDP从峰值的变化率（%）

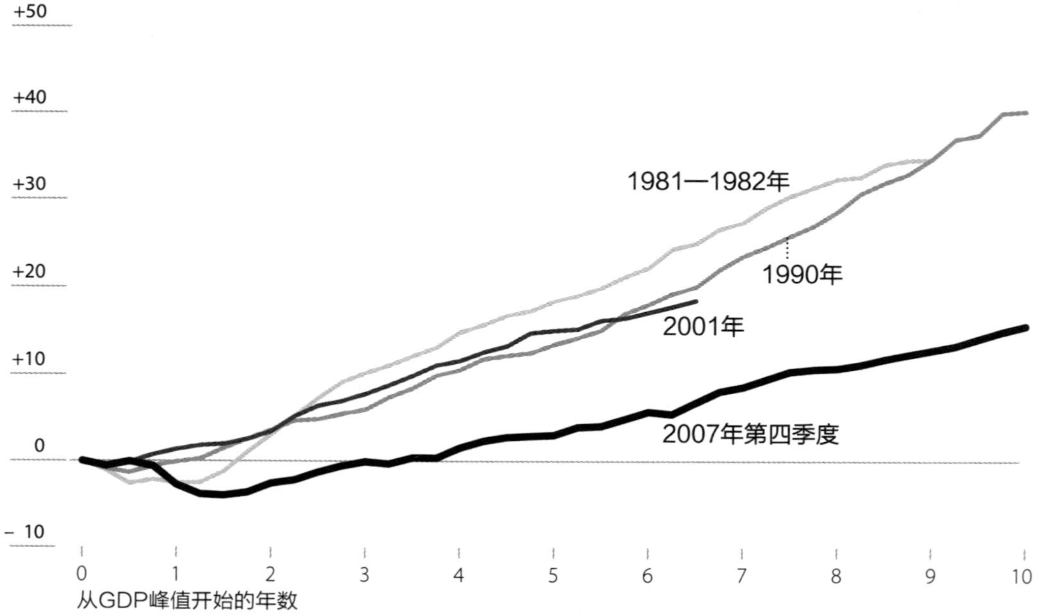

来源：经济分析局，采用美联储经济数据。

成 果

……尽管比欧洲许多国家的经济增长更为强劲。

从2007年第四季度开始的实际GDP百分比变化（%）

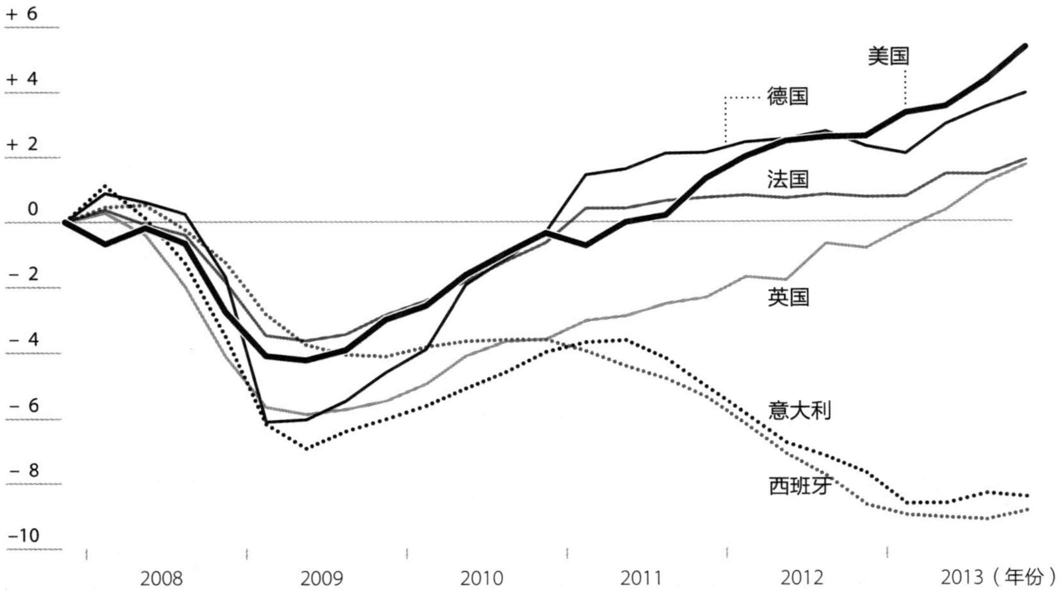

来源：经济合作与发展组织。

成 果

金融危机通常会对经济产出造成巨大损害，但与其他（国家的）危机相比，美国的策略能够降低危机造成的损害。

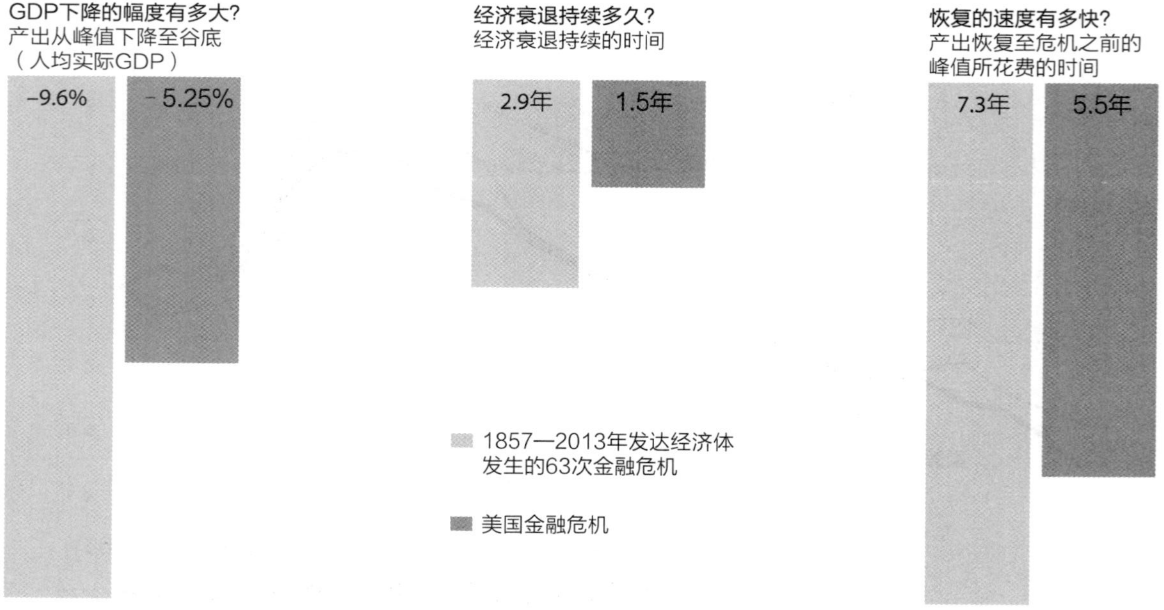

来源：Reinhart和Rogoff（2009年）； 经济分析局，采用美联储经济数据；基于梁内利等人的比较研究（即将出版）。

成 果

美国纳税人从金融救助中获利。

金融稳定计划的收益及成本

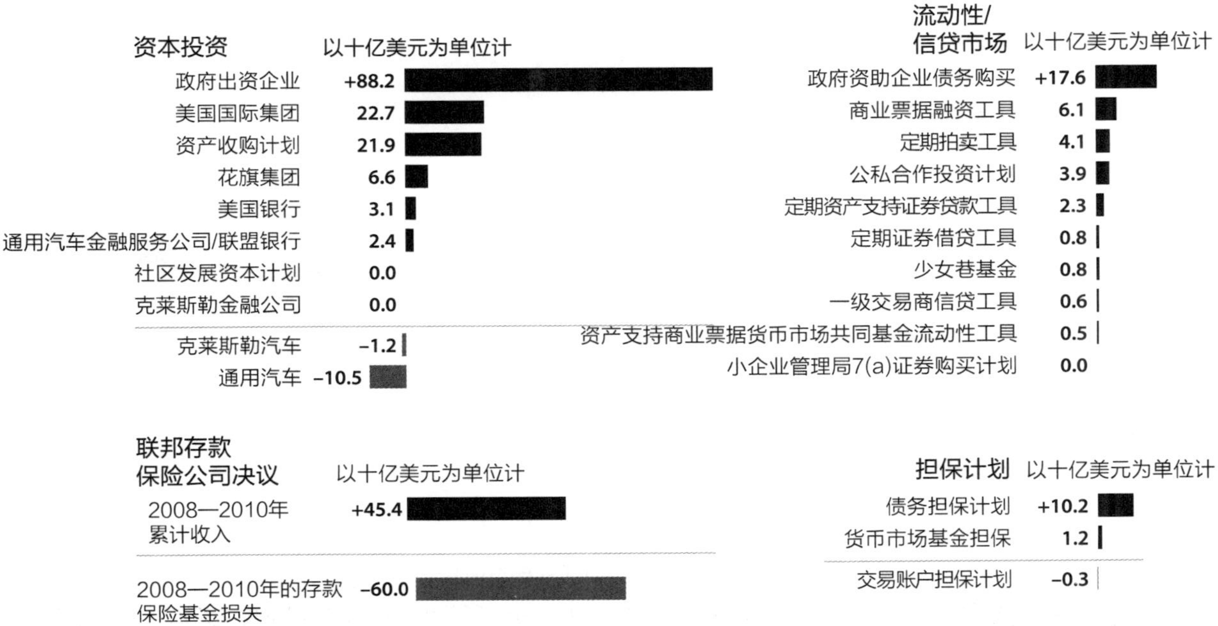

来源：联邦存款保险公司，联邦住房金融局，联邦储备委员会，Labonte和Webel的研究（2018年），美国财政部。

成　果

如今，金融体系明显拥有更多的资本，并且在经济严重衰退的情况下能够更好地经受住损失。

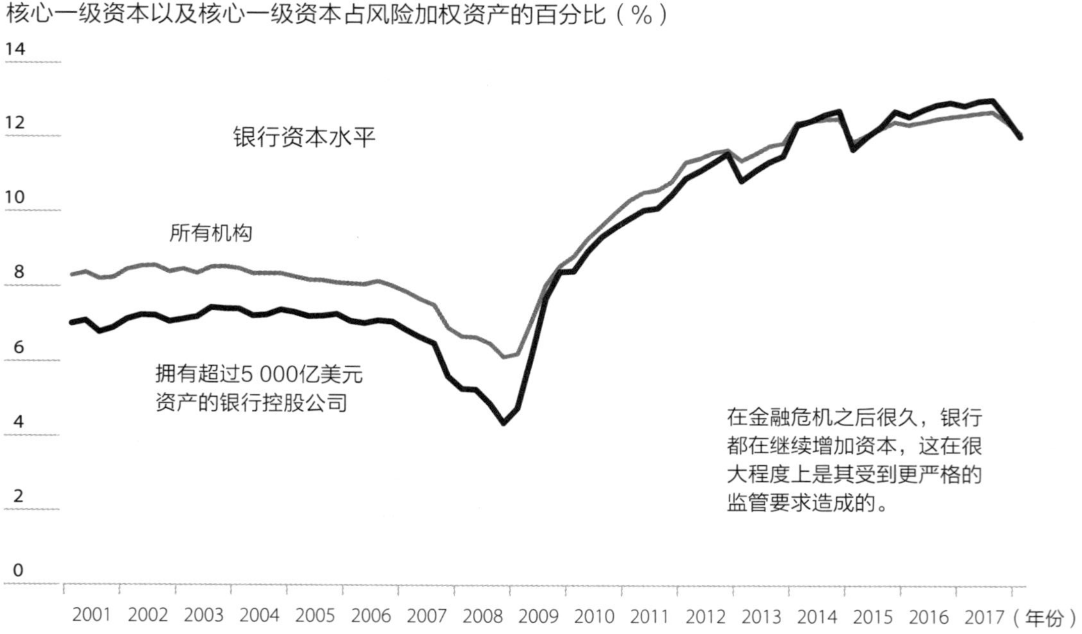

来源：纽约联邦储备银行研究与统计组。

注：资本比率基于2014年以前的核心一级资本和2015年的核心一级资本，并且是2014年两者的组合。

成 果

对资本的更强有力的监管，更为广泛地适用于美国金融体系。

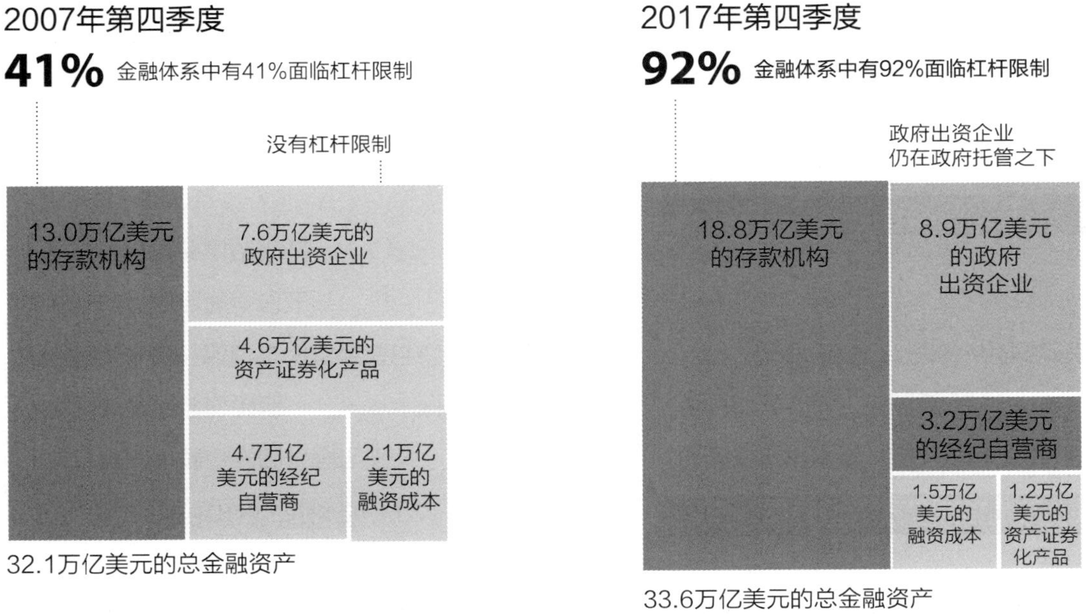

来源：美国联邦储备委员会——美国金融账户。

尽管如此，美国有效的应急机构仍然十分局限，无法对严重的危机做出有效反应。

危机前的局限性

- 对杠杆的审慎限制的有限范围
- 有限的存款保险覆盖
- 没有最大银行控股公司和非银行机构的处置权限
- 没有能力向金融公司注资
- 无权稳定政府出资企业

必要的危机处理权限

- 美联储扩大“最后贷款人”权限
- 更广泛的联邦存款保险公司债务和货币市场基金担保
- 托管政府出资企业
- 向金融公司注资

危机之后的工具

- 更强的资本要求
- 更强的流动性和资金要求
- 公司“生前遗嘱”，破产和处置权限

危机后的局限性

- 美联储“最后贷款人”权力的限制
- 没有国会的行动，就无法对货币市场基金担保或对联邦存款保险公司债务担保
- 没有注资权限

成 果

这是一场非常具有破坏性的危机。 它本不该如此糟糕。

损害充分显示了运行一个监管薄弱的金融系统，以及在没有及早采取积极行动和使用预防灾难的必要工具的情况下陷入危机的代价是巨大的。

经济复苏缓慢而且脆弱，并且由于过早转向紧缩财政政策而变得更加缓慢。

即使在修复了直接损害之后，美国经济仍然面临着一系列长期挑战，而引起这些问题的原因早于危机就已经出现。

致　谢

本书的图表是本·伯南克、蒂莫西·盖特纳和亨利·保尔森领导的危机应对工作中的一部分，旨在研究美国政府在2007—2009年金融危机中的干预措施。该项目由耶鲁大学管理学院、耶鲁大学金融稳定计划、布鲁金斯学会、哈钦斯财政和货币政策中心联合完成。

本书图表顾问：蒂莫西·盖特纳和梁内利

主编：德博拉·麦克莱伦

本书图表项目主编：埃里克·达什

数据可视化：塞思·费斯特

数据分析师组长：本·亨肯

数据分析师：艾丹·劳森

我们向以下个人和组织致谢。

布鲁金斯学会/哈钦斯财政和货币政策中心：David Wessel, 主管；Sage Belz, Jeffrey Cheng, Vivien Lee, Michael Ng。

耶鲁大学金融稳定计划：Andrew Metrick, 项目主管；Alec Buchholtz, Anshu Chen, Greg Feldberg, Christian McNamara, Chase Ross, David Tam, Daniel Thompson, Rosalind Z. Wiggins。

金三角策略：Monica Boyer, Emily Cincebeaux, Bill Marsh, Melissa Wohlgemu。

其他人士：Charlie Anderson, Matthew Anderson, Christie Baer, Michael S. Barr, James Egelhof, Jason Furman, Robert Jackson, Annabel Jouard, Katherine Korsak, Lorie Logan, Francis Mahoney, Vivek Manjunath, Drew McKinley, Patrick Parkinson, Wilson Powell III, Ernie Tedeschi。

数据来源：彭博财经；芝加哥大学布斯商学院证券价格研究中心；核心逻辑房地产数据和分析公司；房地美；高盛；哈佛分析公司；埃士信－马基特公司；iMoney Net 公司；抵押贷款银行家协会；证券业和金融市场协会；SNL 金融研究公司；标普道琼斯指数有限责任公司，标准普尔（S&P® 和 S&P500® 是标准普尔金融服务有限责任公司的注册商标，道琼斯 ® 是道琼斯商标控股有限责任公司的注册商标。©2017 标普道琼斯指数有限责任公司，其附属公司和 / 或其许可人，版权所有）；美国住房及城市发展部；沃顿研究数据服务公司。

其他数据来源

美国经济分析局，美国劳工统计局，美国国会预算办公室，美国国会监督小组，白宫经济顾问委员会，联邦存款保险公司，联邦住房金融局，纽约联邦储备银行金融危机政策应对时间表（Federal Reserve Bank of New York Financial Crisis Policy Response Timeline），纽约联邦储备银行研究与统计组（Federal Reserve Bank of New York's Research and Statistics Group），费城联邦储备银行，圣路易斯联邦储备银行，圣路易斯联邦储备银行金融危机政策应对时间表（Federal Reserve Bank of St.Louis Financial Crisis Policy Response Timeline），美联储经济数据，国际货币基金组织，宏观经济顾问分析，Mishkin（1978），经济合作与发展组织，美国财政部。

注　释

第 162 页图表：来自国会预算办公室 2018 年更新创建的《2014 年家庭收入分配》数据（链接 www.cbo.gov/publication/535），请参阅链接中关于收入和收入分组的定义。

第 167 页图表：根据罗伯特·希勒《非理性繁荣》（第 3 版），图 3.1 美国房屋价格及相关数据。（Princeton，NJ：Princeton University Press，2015），由作者更新，www.econ.yale.edu / ∽ shiller / data.htm。

第 168 页图表：基于 Michael Ahn、Michael Batty 和 Ralf Meisen Zahl，《增强型金融账户中的家庭债务与收入比》，图 1，第 1 小组，引自 FEDS Notes。（华盛顿特区：联邦储备委员会，2018 年 1 月 11 日），https：//doi.org/10.17016/2380-7172.2138。

第 169 页图表：基于 Scott G. Alvarez、William Dudley 和 Nellie Liang，《非银行金融机构：新漏洞和旧工具》，图 1。引自本·伯南克、蒂莫西·盖特纳、亨利·保尔森、梁内利编著，《首批应对者：应对 2007—2009 年全球金融危机的美国战略内情》（*First Responders: Inside the U.S. Strategy for Fighting the 2007–2009 Global Financial Crisis*，New Haven: Yale University Press，即将出版）。

第 170 页图表：根据 Gary Gorton 和 Andrew Metrick，《谁在挤兑回购？》（2012），图 1，http//faculty.som.yale.edu/garygorton/documents/whorancom pleteoctober4.pdf。银行部分数据包括联邦基金协议的净负债。

第 185 页图表：基于 William English 和 Patricia Mosser，《金融危机早期常规流动性工具的使用和有效性》，图 5 和图 6。引自《首批应对者：应对 2007—2009 年全球金融危机的美国战略内情》。

第 187 页图表：基于 Lorie Logan、William Nelson 和 Patrick Parkinson，《美联储创新性的最后贷款人计划》，图 7。引自《首批应对者：应对 2007—2009 年全球金融危机的美国战略内情》。

第 188 页图表：根据 Adam Ashcraft、Allan Malz 和 Zoltan Pozsar，《美联储的定期资产支持证券贷款工具》，图 5。参见《纽约联邦储备银行经济政策评论》18（3）（2012 年 11 月）：29-66，https：//www.newyorkfed.org/medialibrary/media/research/epr/2012/EPRvol18n3.pdf。

第 190 页图表：基于 Lawrence Schmidt、Allan Timmermann 和 Russ Wermers，《货币市场共同基金挤兑》，A 小组。参见

《美国经济评论》106（9）（2016）：2625-57，www.aeaweb.org / articles？ ID=10.1257/ aer.20140678。

第 191 页图表：基于《改造华尔街，保护消费者》第四张幻灯片，美国财政部，2012 年 7 月，www.treasury.gov /connect / blog / Documents / 120119_DFA_FINAL5.pdf。

第 192 页图表：传统银行包括存款机构。银行控股公司包括银行控股公司、储蓄和贷款控股公司、金融控股公司及其资金附属机构。非银行机构包括非银行实体及其附属公司，以及非银行子公司非银行资产占其总资产一半以上的银行控股公司。

第 198 页图表：根据美国财政部数据和美国国际集团信息图表和时间表，www.treasury.gov /initiatives / finance -stability / TARP-Program / aig / Pages / default.aspx。

第 204—206 页图表：基于 Jason Furman，《应对大衰退的财政政策：采取的步骤，拒绝的道路和下一次的教训》，图 3。引自《首批应对者：应对 2007—2009 年全球金融危机的美国战略内情》。

第 210 页图表：每月抵押贷款相关证券发行数据可能与证券业和金融市场协会在其网站上发布的年度数据不符，这是因为不同系列的报告方法之间存在差异。

第 211 页图表：基于《房贷援助延长超过 990 万次，超过丧失抵押品赎回权增加速度》的数字，2016 年 12 月住房记录卡，www.hud.gov / sites / documents / SCORECARD_2016_12_508C.

PDF。

第 213 页图表：一些业主可能参加了不止一个项目，所有类别的受助业主总数并不一定反映受助的特定借款人数。根据 Michael Barr、Neel Kashkari、Andreas Lehnert、Phillip Swagel，《危机时代的住房计划》，表 3。引自《首批应对者：应对 2007—2009 年全球金融危机的美国战略内情》。

第 215 页图表：最大的承诺来自表 2，参见 Linda S. Goldberg、Craig Kennedy 和 Jason Miu，《中央银行美元互换额度和海外美元融资成本》，《纽约联邦储备银行经济政策评论》17（1）（2011 年 5 月）：3-20，www.newyorkfed.org/medialibrary/media/research/epr/11v17n1/1105gold.pdf。

第 217 页图表：基于 Clay Lowery、Nathan Sheets 和 Edwin（Ted）Truman，《国际金融和经济政策协作》，引自《首批应对者：应对 2007—2009 年全球金融危机的美国战略内情》。

第 219 页图表：股票市场（纽约证券交易所 / 美国证券交易所 / 纳斯达克 / 纽交所群岛交易所）以证券价格研究中心报告的总市值来衡量，并显示到金融危机的谷底。房价显示到峰值后的三年。家庭财富相关数据，是对 1929—1930 年家庭财富年平均值（以名义值计）变化与 2008 年第一季度至 2009 年第一季度家庭财富名义水平变化的比较结果。大萧条时期实际家庭财富（家庭净资产）的估计值来自 Frederic S. Mishkin，《家庭资产负债表和大萧条》，表 1。参见《经济史杂志》38（4）

（1978 年 12 月）：918–37，www.jstor.org / stable/2118664。

第 221 页图表：担保额度反映了美国财政部在货币市场基金临时担保计划下的最大承诺，以及联邦存款保险公司在暂时流动性担保计划、债务担保计划和交易账户担保计划等组成部分下的最大承诺。

不良资产救助计划反映了不良资产救助计划的未清偿本金，包括银行支持计划、信贷市场计划、汽车行业支持、对美国国际集团的援助，以及住房计划。

美联储流动性计划反映了联邦储备委员会推出的信贷和流动性项目下的未清偿贷款额。包括贴现窗口贷款（主要信贷、二级信贷和季节性信贷），定期拍卖信贷，一级交易商信贷工具，资产支持商业票据、货币市场共同基金流动性工具，定期资产支持证券贷款工具，商业票据融资工具和央行流动性互换。同时反映了通过定期证券借贷工具借出的未清偿证券的价值。

其他计划反映了美联储、联邦存款保险公司和财政部在资产担保计划下的承诺；美国联邦储备委员会协助少女巷公司并支持美国国际集团；2008 年 10 月至 2012 年 3 月，财政部通过高级优先股购买协议，以及每月末财政部抵押贷款支持证券总投资组合的票面价值来支持房利美和房地美。

财政部关于货币市场基金的临时担保计划的风险来自《TARP 和相关计划中的担保和或有支付：国会监督小组 11 月的监督报告》，国会监督小组（2009 年 11 月），https ：//fraser.

stlouisfed.org/title/5018。

基于 Nellie Liang、Margaret M. McConnell 和 Phillip Swagel，《依据结果的证据》，引自《首批应对者：应对 2007—2009 年全球金融危机的美国战略内情》。

第 226 页图表：1857—2013 年发达经济体发生的 63 次金融危机的相关数据，基于 Carmen Reinhart 和 Kenneth Rogoff，《从金融危机中复苏：来自 100 次事件的证据》，《美国经济评论：论文与会议录》104（5）（2014 年）：50-55，https：//scholar.harvard.edu/files/rogoff/files/aer_104-5_50-55.pdf。

基于 Nellie Liang、Margaret M. McConnell 和 Phillip Swagel，《依据结果的证据》，引自《首批应对者：应对 2007—2009 年全球金融危机的美国战略内情》。

第 227 页图表：来自 Marc Labonte 和 Baird Webel，《应对金融危机的政府干预成本：回顾展》，表 2。参见《国会研究服务》（2018 年 9 月更新），https：//fas.org/sgp/crs/misc/R43413.pdf。

除另有说明外，所有数据均以现金形式呈现并且截至 2018 年 8 月 1 日。政府出资企业债务收购，存款保险基金损失和累计收入以及定期资产担保计划截至 2017 年 12 月 31 日；少女巷公司数据截至 2018 年 1 月 31 日；政府出资企业数据截至 2018 年第二季度。

第 229 页图表：存款机构包括美国特许存款机构、美国的外资银行办事处和信用合作社。